Bernd Römmelt · Georg Unterholzner

Faszinierendes
Tölzer Land

Bernd Römmelt · Georg Unterholzner

Faszinierendes
Tölzer Land

rosenheimer

Inhalt

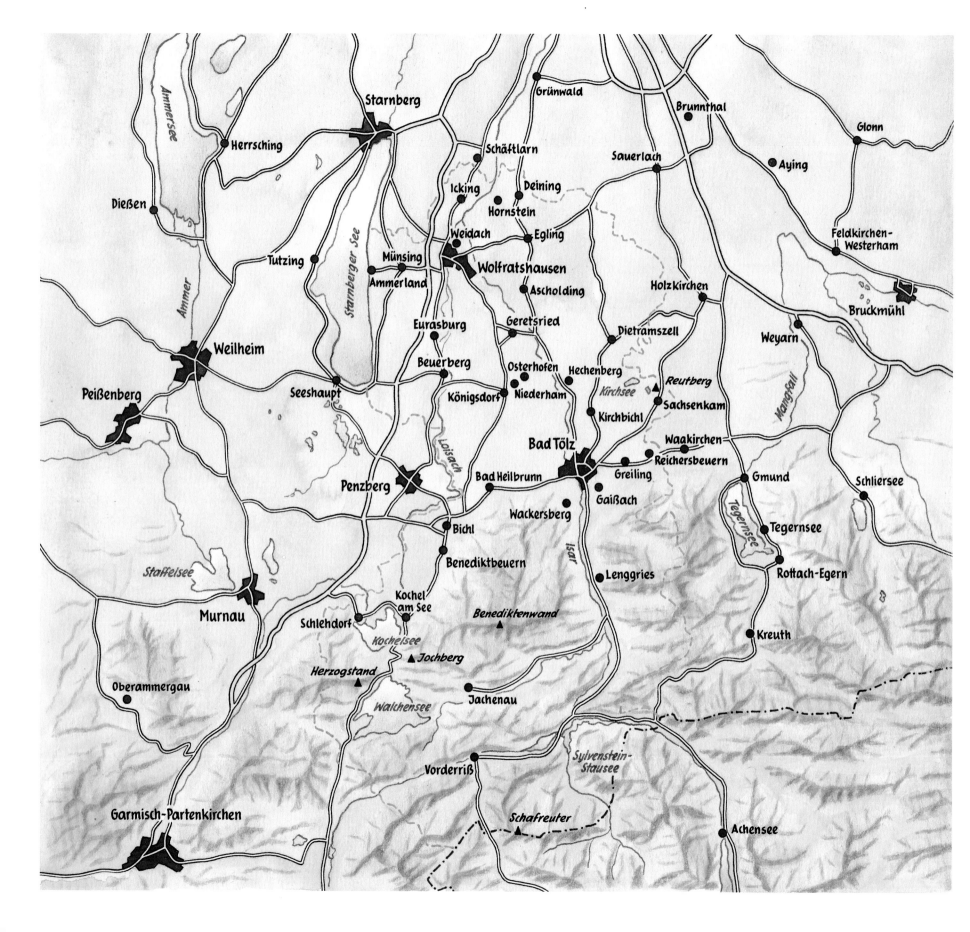

SEITE 2: Nach einem heftigen Gewitter spitzt die Sonne unter den Wolken hindurch und zeichnet einen fantastischen Regenbogen über das Kochelmoos.

SEITE 4: Im Januar zeigt sich die Sonne am Rißbach bei Vorderriß nur für kurze Zeit. Schon am frühen Nachmittag ist sie wieder hinter den Bergen des Karwendels verschwunden.

RECHTS: Wer den Grasleitensteig auf das Seekarkreuz hinaufsteigt, der kommt zwangsläufig an diesem verwunschenen Wasserfall vorbei.

Vorwort

Vor einiger Zeit hat mir Georg Unterholzner von einem neuen Projekt erzählt: Ein Bildband sollte es werden, dazu bärige Geschichten aus dem Tölzer Land.

Als Beispiel hat er mir die »Tölzer Heiligen« vorgelesen, eine äußerst amüsante Abhandlung über den Heiligen Antonius von der Franziskanerkirche und den Heiligen Florian an der Isarbrücke.

Ich war sofort fasziniert von der Idee und lud unseren Autor ein, bei der Bürgermeisterdienstversammlung im Landratsamt sein Projekt vorzustellen. Alle Gemeinden würden sich in dem Buch wiederfinden. Und zwar mit Erzählungen, die authentisch, witzig und typisch sein sollten.

Insgesamt 26 Geschichten sind es geworden. Es geht ums Gaißacher Schnablerrennen, einen schwäbischen Pfarrer in der Jachenau, Wolfratshauser Erschütterungen, Geretsrieder Traditionen – kurz gesagt: um besondere Ereignisse und ungewöhnliche Menschen.

Denn wir sind schon etwas Besonderes, die Oberlandler im Tölzer Land. Deshalb macht es mir auch so viel Spaß, hier in meiner Heimat Landrat sein zu dürfen.

Natürlich mag Georg Unterholzner unsere Ecken und Kanten und den Humor, der mal derb, zuweilen aber auch sehr feinsinnig sein kann. Er wurde in Deining am nördlichsten Zipfel des Tölzer Landes geboren und veröffentlichte in den vergangenen Jahren einige Krimis, in denen Wolfratshausen und Benediktbeuern eine besondere Rolle spielen.

Der preisgekrönte Fotograf Bernd Römmelt stammt aus München und ist wie viele Münchner ganz vernarrt in die Gegend zwischen Karwendel und Starnberger See. Er hat zahlreiche wunderbare Fotos im Tölzer Land geschossen. Die schönsten sind in diesem Band.

Jetzt blättern Sie bitte weiter! Sie werden höchst vergnügliche Stunden mit diesem Buch verbringen.

Viel Spaß dabei
Ihr

Josef Niedermaier
Landrat

Direkt an der Pfarrkirche Jachenau startet
die alljährliche Fronleichnamsprozession.
Der ganze Ort trägt Festtagstracht.

VORHERGEHENDE DOPPELSEITE: Einer der schönsten und markantesten Berge am nördlichen Rand der Bayerischen Voralpen: die 1801 Meter hohe Benediktenwand

LINKS: Was für ein Herbsttag am Starnberger See! Der Blick gleitet von Ambach über das Ostufer des Sees bis zum Jochberg im Süden.

RECHTS: Ein Bild mit Seltenheitswert: ein brennender
Himmel über den Ammergauer Alpen, gesehen vom
Rabenkopf, einem beliebten Aussichtsberg zwischen
Benediktbeuern und Kochel

FOLGENDE DOPPELSEITE: Einer der schönsten Plätze
am ganzen Starnberger See: der Steg bei Sankt Heinrich.
Im Hintergrund die Alpenkette mit Jochberg, Karwendel,
Herzogstand, Heimgarten, Estergebirge und Zugspitzmassiv

Sonnenuntergang auf dem Schafreuter. Der Berg im Vorkarwendel liegt direkt an der Grenze zum benachbarten Tirol und gilt als Aussichtsberg par excellence.

RECHTS: Nach einer kalten Nacht hat sich Nebel über das Kochelmoos gelegt. Die ersten Strahlen der Morgensonne tauchen die Landschaft in oranges Licht.

FOLGENDE DOPPELSEITE: Nur selten sind die Bäume derart mit Schnee eingepackt wie hier am Gipfel des Jochbergs. Für diese Baummanderl braucht es Kälte und Windstille. Meistens ist der Zauber nach wenigen Stunden vorbei. Die Kraft der Sonne beendet das Schauspiel.

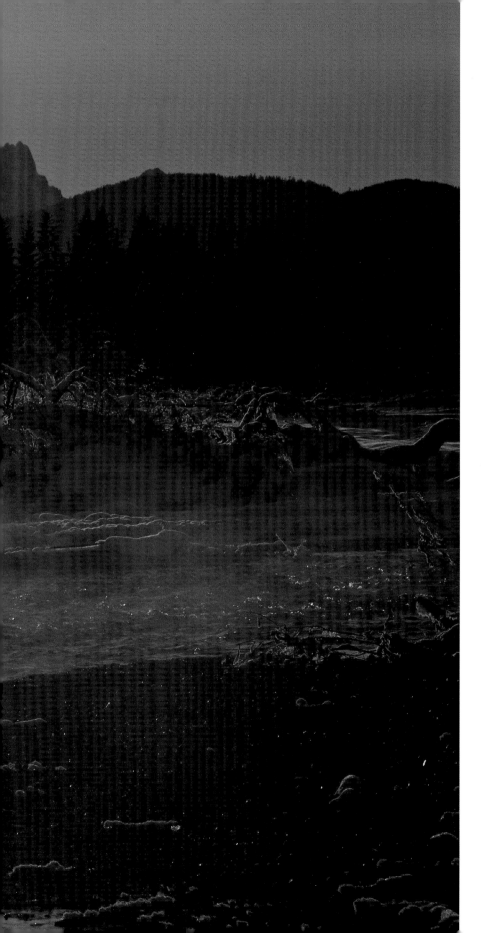

Nur während weniger Tage im Februar sinkt die Sonne
in die kleine Lücke zwischen Wettersteinwänden und
Zugspitzmassiv und taucht das Isartal in rotoranges Licht.

RECHTS: Sie bitten um Schutz und Segen für die kommende Saison: fesche Madeln am Loisachufer in Wolfratshausen während der Flößermesse am Namenstag des Brückenheiligen Johannes Nepomuk.

Ein fantastisches Morgenrot über dem Walchensee – der See liegt auf 800 Metern Höhe und zählt zu den Perlen unter den oberbayerischen Seen.

Einleitung

Das Tölzer Land ist eine sehr schöne Gegend südlich von München. Sie reicht bis zur österreichischen Grenze, wo die Berge beinahe zweitausend Meter hoch aufragen. Es gibt einige kleinere Städte – Wolfratshausen, Geretsried und Bad Tölz, dazu eine Menge Dörfer und Weiler. Die Landschaft ist so abwechslungsreich, dass es den Münchnern nie langweilig wird und sie an jedem schönen Wochenende in den Süden kommen – ins Tölzer Land.

Zum Skifahren aufs Brauneck, zum Wandern am sanften Ostufer des Starnberger Sees oder zum Kraxeln auf den Herzogstand mit Blick auf das türkisblaue Wasser des Walchensees. Oder sie setzen sich in den Biergarten vom Reutberg, wo man die ganze Alpenkette vom Berchtesgadener Land bis ins Allgäu bewundern kann.

Doch nicht nur die sanften Hügel des Voralpenlandes und die mächtigen Berge rund um die Benediktenwand prägen die Menschen und beeindrucken den Besucher. An den gepflegten Gehöften, Wiesen und Wäldern erkennt ein jeder die Achtsamkeit und Liebe zum Gottgegebenen, die sich von Generation

zu Generation fortsetzt. Man muss nur die Geranienmeere an den Bauernhäusern anschauen. Die Bäuerinnen hätten in Haus und Stall schon genug Arbeit, aber auf diese Blumenpracht wollen sie nicht verzichten. Ihr Anwesen soll »etwas hermachen«, das Leben besteht nicht aus reinem Nützlichkeitsdenken. Der Hof muss natürlich genug abwerfen, damit die Familie ein Auskommen hat, doch auch die Blumen sind wichtig.

Bernd Römmelt hat in seinen wunderbaren Bildern beides eingefangen: Die schöne Landschaft zu allen Jahreszeiten und die Oberlandler, die sich gerne im »sauberen G'wand« zu geistlichen und weltlichen Feierlichkeiten treffen. Tracht, geschmückte Pferde bei Leonhardifahrten und prächtige Bauernhäuser sind aber keine Show für die Touristen, sondern gelebte Heimatliebe ohne Pathos.

Große Gefühle schätzt er nämlich nicht, der Oberlandler. Er mag es geradeheraus und ohne Umschweife, er ist gern grantig, aber immer mit einem Schuss Humor. Georg Unterholzner kennt die Eigenarten der Leute zwischen Isar und Loisach und beschreibt sie wie kein anderer in kurzen prägnanten Anekdoten. Der Autor mag sie gern, die Oberlandler. Wie auch nicht? Schließlich ist er selbst einer.

Kaum jemand, der hier geboren wurde, zieht weg. Gut – München ist nicht weit, Italien in zwei Stunden zu erreichen. Doch auch anderswo gibt es schöne Gegenden und einen hohen Freizeitwert.

Bloß – der Oberlandler will da nicht leben. Und vielleicht können Sie ihn nach der Lektüre dieses Buches ein bisserl verstehen.

BERND RÖMMELT und GEORG UNTERHOLZNER

Ein neuer Morgen bricht heran: Blick von Faistenberg über das Tölzer Land bei Bad Heilbrunn auf die Bayerischen Voralpen.
Links im Hintergrund sind zwei der markantesten Berge des Mangfallgebirges zu erkennen: Plankenstein und Risserkogel.

FOLGENDE DOPPELSEITE:
Sonnenaufgang über dem Zwiesel. Das Kochelmoos bei Benediktbeuern ist noch tief in Nebel gehüllt.

Heilbrunner Heilwasser

Bad Heilbrunn ist ein sehr schöner Ort an den Vorbergen westlich von Bad Tölz, mit einem wunderbaren Kurpark und herrlichen Wanderwegen. Der Ortsname weist bereits auf den »heilenden Brunnen« hin, dessen Wasser schon Abt Walther 1159 als Heilbad nutzen ließ. Bereits 1530 trug der Ort den Titel eines bayerischen Hofbads. Berühmtheit erlangte er jedoch erst durch eine Schwangerschaft.

Kurfürstin Henriette von Bayern war sieben Jahre lang kinderlos mit Kurfürst Ferdinand Maria von Bayern verheiratet, als sie nach einer Kur in Bad Heilbrunn endlich einen Sohn bekam: den bekannten – oder berüchtigten – Max II. Emanuel. Zum Dank für den späten Spross ließ Ferdinand die Theatinerkirche in München bauen und gab Geld für das Schloss Nymphenburg, denn er war jetzt seiner Hauptsorge ledig: Er hatte einen Nachfolger.

Bad Heilbrunn bekam im Gegenzug den Ruf, das heilende Wasser seiner Quellen und der heilende St. Kilian könnten sogar Kinder zeugen oder zumindest dabei behilflich sein.

Ob diese Heilkraft nur Nutzen brachte, darf man bezweifeln. Denn Max II. Emanuel war ein streitbarer Mensch. Manche sagen auch: ein streitsüchtiger.

Bayern mochte er nicht sonderlich, die Pfalz war ihm lieber. Schließlich mischte er im Spanischen Erbfolgekrieg mit und wurde nach der Niederlage von Höchstädt aus dem Land gejagt. Bayern wurde von den Österreichern besetzt, und die haben sich aufgeführt, wie sich Besatzer halt aufführen.

Im Jahre 1705 begann der Bauernaufstand der Oberlandler gegen die fremden Herren. In der Sendlinger Mordweihnacht wurden die Aufständischen verraten und schließlich auf fürchterliche Weise massakriert. Sicherlich waren auch Dutzende aus Bad Heilbrunn und Umgebung unter den Toten und zum Krüppel Geschossenen.

Da stellt man sich die Frage: Rechtfertigten die Nebenwirkungen des fruchtbar machenden Wassers ein solches Unglück?

Oder aber: Waren gar nicht der heilige Kilian und das Wasser für die Geburt des Thronfolgers verantwortlich, sondern doch der junge, fesche Badearzt, wie böse Zungen behaupten? Die Nase verriete es, und der Max II. Emanuel habe ja wirklich einen Mordszinken gehabt.

Doch halt! Auf solche Spekulationen lässt sich der brave Chronist nicht ein …

Tölzer Bier

Der Tölzer Stadtarchivar Sebastian Lindmeyr hat mich auf Lieferlisten aus dem neunzehnten Jahrhundert hingewiesen, in denen ungeheure Mengen von Tölzer Bier für das Münchner Oktoberfest verzeichnet sind. Mit Eis aus den Tölzer Eiskellern gut gekühlt, war es bis zur Jahrhundertwende auf Flößen nach München transportiert worden.

Nun sollen diese Dokumente nicht dem Nachweis dienen, dass in der guten alten Zeit sehr wohl auswärtiges Bier auf der Wiesn gesoffen wurde, quasi als juristische Steilvorlage für Warsteiner oder Beck's, die mit enormen Beträgen winken, sollten sie denn die Lizenz erhalten, ihr Dünnbier auf dem Oktoberfest auszuschenken. Nein – es soll zeigen, welche Bedeutung das Tölzer Bier aus den damals über zwanzig ansässigen Brauereien für das große Volksfest hatte.

Ja, ich behaupte sogar, dass sich diese Weltstadt mit Herz ohne das flüssige Brot aus dem Oberland nie hätte entwickeln können.

Denn Faktum ist: Die Münchener Bevölkerung hat sich zwischen 1750 und 1900 nahezu verzwanzigfacht. Dafür musste gebaut werden. Die Maurer und Zimmerer hatten Durst, tranken gerne Bier und

ungern Milch oder Wasser. Aber der Kühlschrank, der heute für einen erfrischenden Trunk sorgt, kam erst gegen Ende des 19. Jahrhunderts in Gebrauch.

Nun hatten die Münchner sehr wohl eigene Bier- und Eiskeller, vor allem in Giesing, wo heute die Politiker derbleckt werden. Doch keinesfalls hatten sie die Kapazitäten, Tausende trockener Maurerkehlen ganzjährig mit kühlem Gerstensaft zu erfreuen. Und glauben Sie, dass eine Weltstadt mit Herz hätte entstehen können, wenn deren Erbauer im Sommer mit einem lauwarmen Augustiner oder Paulaner gelabt worden wären?

Nein – die Tölzer Brauer, die riesigen Bierkeller und die großen Eisweiher ermöglichten, dass bis zur Erfindung des Kühlschranks eine beschwingte, weltoffene Stimmung auf den Baustellen herrschte, die München zu dem gemacht hat, was es ist: Eine Weltstadt mit Herz.

Übrigens: Auf den Eisweihern (Klammerweiher etc.) wird heute zwar kein Eis mehr geschnitten und in den Kellern eingelagert, doch so manches Eishockeytalent hat dort sein erstes Tor geschossen und sorgt nun dafür, dass die Münchner Hauptstädter in der ersten Liga spielen.

Vielleicht die berühmteste »Skyline« des Tölzer Landes:
die Häuserfronten der Marktstraße in Bad Tölz

Die Krone von Tölz: Die weiße barocke Doppelkirche mit den zwei schlanken Türmen
thront auf dem Kalvarienberg über der Stadt.

Tölzer Heilige

Man kennt Bad Tölz mit der prächtigen Markt-straße und der reißenden Isar, die die Stadt in zwei Hälften teilt. Man kennt auch die Tölzer Leon-hardifahrt Anfang November mit den wunderbar geschmückten Kaltblütern, die Dutzende Truhen-wägen mit festlich gekleideten Passagieren den stei-len Kalvarienberg hinaufziehen.

Dort oben wird dann eine Messe zu Ehren des heiligen Leonhard abgehalten, der ursprünglich gar nicht für die Tiere, sondern für die Gefangenen zuständig war. Deshalb hat man den Wundertätigen mit Ketten dargestellt.

Nun ist es nicht schwer, sich diese Ketten als Attribut für einen Viehheiligen vorzustellen, zumal ein großer Teil der Nutztiere im Stall angekettet war. In einer Zeit häufiger Viehseuchen lag es nahe, den heiligen Leonhard zum Schutzpatron für die Rösser und die anderen Nutztiere zu machen. Und weil das Vieh und der Zuspruch des Heiligen so wichtig waren, wurden Leonhardifahrten veranstaltet – die wohl prächtigste findet in Bad Tölz statt.

Doch ich möchte Ihnen kurz von zwei anderen Hei-ligen berichten, die in der Kurstadt zwar nicht so im Vordergrund stehen wie der heilige Leonhard, die aber in ihren jeweiligen Nischen gleichfalls Großes leisten.

Zunächst vom »Schlamperlheiligen«, dem wunder-tätigen Antonius, der einen eigenen Seitenaltar in der Franziskanerkirche besitzt und dort jederzeit um Hilfe angerufen werden kann.

Für Protestanten eine kurze Schilderung der Aus-gangssituation und der probaten Vorgehensweise: Man sucht vergeblich seine Geldbörse oder den Haustürschlüssel und setzt schließlich für das Wie-derfinden eine Prämie aus. Ist der heilige Antonius behilflich, so hat man die Schuld natürlich zu beglei-chen, und zwar fürs Antoniusbrot, wovon Armen-speisungen finanziert werden.

Nun ist der heilige Antonius – was viele nicht wissen – nicht nur für Verlorenes, sondern auch für die Verkupplung bindungs- bzw. heiratswilliger Singles zuständig. Der Ablauf ist derselbe, und man stiftet eine angemessene Prämie. So ging es auch einer Bekannten von mir.

Ihr Junior war achtzehn und – gelinde gesagt – etwas orientierungslos. Sie meinte, eine junge Dame würde ihm guttun. Also versprach sie dem Schlamperltoni zehn Euro, und wahrhaftig, einige Wochen später kündigte der Sohn den Besuch seiner Freundin an.

Die Mama war in froher Erwartung, der Vater skeptisch. Es läutete, und in der Tür stand eine junge Dame mit grünen Haaren und Sicherheitsnadeln an Stellen, wo diese eigentlich nichts verloren haben.

Das Mädchen war ganz nett, doch meine Bekannte war davon ausgegangen, der heilige Antonius hätte einen konservativeren Geschmack, ähnlich dem ihren. Ihr Mann jedoch verdrehte die Augen und meinte stoisch: »Was willst für zehn Euro schon erwarten?«

Der heilige Florian wirkt keine derartigen Wunder, und sein Standort an der Isarbrücke erscheint vielmehr als eine politische oder – besser gesagt – eine fiskalpolitische Manifestation.

Sieht er von vorne noch so aus, wie man den heiligen Florian halt kennt – mit Helm, Löschkübel, brennendem Haus, Feuerwehrstandarte – so lohnt es sich, den Hausbeschützer auch von hinten zu betrachten. Zwei knackige (übereinstimmende Aussage zahlreicher Damen mit Kennerblick) Hinterbacken schauen deutlich unter dem Waffenrock hervor.

Um diese Darstellung zu verstehen, braucht man gewisse Einblicke in die Psyche des Oberlandlers, seinen derben Humor und seine mangelnde Wertschätzung staatlicher Macht gegenüber, vor allem wenn's ums Zahlen geht. Denn hinter dem Heiligen an der Brücke befand sich das Mauthäusl.

Die Steuerbeamten mag die Darstellung geärgert haben. Doch niemand wagte es, einem Heiligen in die Parade zu fahren, auch wenn dieser sein Hinterteil so präsentierte, dass sich jeder denken kann, was die hinter ihm ihn können.

Nämlich am ......

Jedes Jahr am 6. November herrscht Ausnahmezustand in Tölz. Die prächtige Leonhardifahrt lockt Tausende Schaulustige
in die Stadt. Um Punkt 9 Uhr setzen sich die Gespanne in Bewegung, Ziel ist der Kalvarienberg über dem Ort.

Ostkanada? Nein, der Kirchsee ein paar Kilometer
nördlich von Tölz. Besonders an Herbsttagen wie diesen
entfaltet er seine wahre Magie.

Die Benediktenwand von Westen aus gesehen. Einer der beliebtesten Aufstiege führt von Benediktbeuern über die gemütliche Tutzinger Hütte auf den 1801 Meter hohen Gipfel. Rund vier Stunden sollte man für die Tour einplanen. Die Anstrengung lohnt sich. Die Aussicht vom Gipfel ist ein wahrer Augenschmaus.

Benediktbeurer Föhn

Benediktbeuern ist eine weitläufige Gemeinde zu Füßen der Benediktenwand. Das Kloster hat dem Ort seinen Stempel aufgedrückt. Es liegt am Ostrand des Dorfes, wird von Salesianern verwaltet und beherbergt eine Hochschule. Die Benediktiner hatten das Land rundherum urbar gemacht und sich einen großen Besitz erschlosscn, dessen Außengrenzen früher bis in die Jachenau reichten

Die Benediktbeurer Klosterkirche ist unzweifelhaft prächtig, doch die Rokokokapelle, die der Heiligen Anastasia geweiht ist, wirkt noch viel verspielter mit ihren geschmeidigen Formen und hellen Farben.

Dass die Heilige Anastasia bei Kopf- und Nervenleiden Hilfe bringt, mag Zufall sein – oder auch nicht. Denn die Errichtung der Kapelle hat mit einem oberbayerischen Wetterphänomen zu tun, bei dem viele unter Kopfweh leiden: dem Föhn!

Eigentlich ist der Bau der Kapelle mehr dem Spanischen Erbfolgekrieg und dem in Bad Heilbrunn gezeugten Kurfürsten Max II. Emanuel (siehe auch das Kapitel Heilbrunner Heilwasser) zu verdanken.

Der Kurfürst hatte im Jahr 1703 ganz Nordtirol bis zum Brenner erobert und sich während des Kriegszugs in Österreich keine Freunde gemacht. Im Winter 1703/04 drehten nun die Österreicher den Spieß um und hielten sich in den südlichen bayerischen Landen schadlos.

Sie rückten an und verlangten vom Benediktbeurer Abt Eiland Öttl Kriegskontributionen. Sie drohten damit, das Kloster zu überfallen und niederzubrennen.

Der Abt weigerte sich. Er fühlte sich unschuldig am Treiben des eigensinnigen Kurfürsten, vertraute auf Gott und die Oberlandler Gebirgsschützen, mit denen nicht gut Kirschen essen war, wie auch die Österreicher wussten.

Doch im Januar 1704 gab es eine ungewöhnliche Kälte; die Seen, sogar die Loisach, froren zu. Flüchtlinge aus dem Süden brachten die Kunde, dass die Österreicher kämen, und zwar nicht nur mit Tiroler Schützen, sondern mit schwerer Kavallerie und Kanonen, gegen die die Oberlandler Gebirgsschützen mit ihren Stutzen nichts ausrichten konnten.

Den Benediktinern blieb also nur eines: beten.

Und weil es der Tag der heiligen Anastasia war, der 29. Januar 1704, gelobte man, der Heiligen eine schöne Kapelle zu bauen, falls das Unheil sich zum

Guten wendete. Wie die Heilige das anstellen sollte, wusste niemand.

Doch die Patronin der von Kopfschmerzen Geplagten hatte offensichtlich eine zündende Idee und setzte schließlich das ein, womit sie sich auskannte: den Föhn!

Innerhalb weniger Stunden wurde am 29. Januar 1704 das klirrende Eis auf dem Moor, durch das die Österreicher anrücken wollten, von lauwarmen Föhnwinden aufgeweicht, sodass Zugpferde und Kanonen im Morast versanken.

Die Österreicher blieben, wo sie waren, und die Heilige Anastasia ist seitdem Schutzpatronin des Benediktbeurer Landes.

Das Kloster Benediktbeuern kann auf eine über 1250-jährige Geschichte zurückblicken. Es gilt als eines der ältesten Benediktinerklöster und wichtigsten Missionszentren in Bayern.

Bichler Bauern

Bichl liegt im Westen des Tölzer Landes. Jahrhundertelang war der Ort bekannt für seine Kunsthandwerker, die im nahe gelegenen Benediktbeuern und darüber hinaus in ganz Europa arbeiteten. Auch die vielen Bauernhöfe im Ort blicken auf eine lange Tradition zurück.

Nun hat sich die Landwirtschaft in den vergangenen Jahrzehnten verändert, wie andere Gewerbe auch. Kein Landwirt kann seinen Hof mehr führen, wie man es vor fünfzig Jahren noch ganz traditionell getan hatte.

Umso erstaunlicher ist es, wie viele Betriebe mit Rinderhaltung es noch im Oberland und speziell in Orten wie Bichl gibt. Nicht wenige Bauern treiben ihr Jungvieh im Sommer auf die Almen. Es ist ein hartes Geschäft, die Tiere dort zu versorgen. Jeden Tag muss man nach ihnen sehen, die Zäune überprüfen und ausbessern.

Es gab Zeiten, da waren Almerer schwer zu finden, und es sah beinahe so aus, als müsste die Almwirtschaft aus finanziellen Gründen ein Ende finden, denn mit dem Viehhüten ist noch keiner reich geworden. Doch gerade in Zeiten von Facebook, der ständigen Präsenz am Arbeitsplatz und in der Freizeit gibt es keinen Mangel an Leuten mehr, die sich eine Auszeit gönnen.

Die meisten, die einen Sommer mit den gutmütigen Rindern verbracht haben, wollen es wieder tun oder sagen zumindest, dass es eine sehr schöne Zeit und Erfahrung war.

Der Ausflügler geht nur in die Berge, wenn das Wetter passt. Der Hüter muss auch zwei Wochen Regenwetter aushalten. Als Lohn seiner Mühsal sieht er Bilder, wie sie unser Fotograf gerade an schlechten Tagen, ganz in der Früh oder spät am Abend, eingefangen hat.

Langsam steigt der Vollmond über das verschneite Kochelmoos bei Bichl.

Der kleine Ort Bichl, am Fuße der mächtigen Benediktenwand, im herbstlichen Gewand.
Der Ort wurde bereits im Jahr 1048 n. Chr. erstmals urkundlich erwähnt.

Ein Doppelregenbogen spannt sich über das Kochelmoos.
Im Hintergrund Benediktenwand, Rabenkopf und Jochberg

Ein Sommermorgen im Kochelmoos nahe Bichl. Langsam schiebt sich die aufgehende Sonne über die Berge. In nur wenigen Minuten wird das Moos in oranges Licht getaucht.

Dietramszeller Erscheinungen

Doktor Kurt Benzinger war jahrelang Landarzt in Dietramszell. Landarzt – das heißt, die Patienten kamen nicht bloß wegen ihres Blutdrucks oder einer Grippe. Man erzählt ihm vielmehr Dinge, die man sonst niemandem erzählen würde. Vor diesem Hintergrund ist wohl auch folgende Geschichte entstanden, die er erzählt hat.

»Eines späten Sommerabends läutete es heftig an der Haustüre, was bei einem Landarzt durchaus nichts Ungewöhnliches ist, und so öffnete ich in Erwartung eines Kranken oder Verletzten, doch im grellen Licht der Hauslaterne stand käseweiß und sichtlich erregt einer meiner Nachbarn. Der verknitterte Schlafanzug spitzte unter dem hastig übergeworfenen Lodenmantel hervor.

Mit bebender Stimme fragte er mich besorgt, ob auch ich die ›Erscheinungen‹ am Himmel bemerkt hätte? Denn vor dem Zubettgehen war er nochmals auf die Terrasse getreten, hatte noch nach dem Wetter sehen wollen und seinen Blick gen Himmel gerichtet, doch was er da zu sehen bekam, ließ ihm das Blut in den Adern gefrieren …

Gleich einem Menetekel glitten seltsame Zeichen und geometrische Figuren an den sturmgetriebenen Wolken entlang, verschwanden und kamen wieder in unregelmäßigen Formationen.

Zwischen drohendem Weltuntergang und der unverhofften Landung eines UFOs (ausgerechnet im bayerischen Oberland?) stürzte er von einem Entsetzen ins nächste, und sein Vertrauen in die Fähigkeiten eines Landarztes spricht für eine gesunde bäuerlich-konservative Denkweise, und so kam er denn lieber zu mir, als dass er seine Frau geweckt hätte und Gefahr gelaufen wäre, für einen Spinner gehalten zu werden.

Natürlich bat ich ihn herein, und zusammen betraten wir mit gesträubten Haaren und einer gruseligen Gänsehaut meinen Garten, um uns tapfer den ›Erscheinungen‹ entgegenzustellen.

Und tatsächlich, da huschten vollkommen lautlos und mit außerirdischer Geschwindigkeit und Beschleunigung allerlei Lichtformationen über den an sich schon gespenstisch sturmzerfetzten Nachthimmel, und eben als ich schon in das gemurmelte Stoßgebet meines Nachbarn einstimmen wollte, da fiel es mir wie Schuppen von den Augen: heute war doch – natürlich! – in der Kiesgrube ein Bierfest angesagt, mit Discjockey … Ja klar doch, die

Von der Peretshofener Höhe schweift der Blick gen Süden auf die Mitte Mai
noch tief verschneiten Gipfel des Karwendelgebirges.

machen bekanntlich recht gerne hochtechnische Laser-Shows, und obwohl ich einer solchen noch nie beigewohnt hatte, war die Erklärung rasch zur Hand und das Rätsel der beängstigenden ›Erscheinungen‹ recht schnell und wenig okkultistisch aufgelöst in der Erkenntnis, dass uns weder wohlgesonnene Engel noch rätselhafte fremde Lebewesen aus dem irdischen Jammertale erlösen kommen!

Meinem Ruf hat das Erlebnis wohl eher nicht geschadet, denn von nun an galt ich als besonders lebenserfahren und vertrauenswürdig …«

© Botho von Benz 2014

Die Peretshofener Höhe oberhalb von Dietramszell gilt als einer der schönsten Aussichtshügel im Alpenvorland. Im Süden erheben sich Karwendel und die Bayerischen Voralpen in den oberbayerischen Himmel. Im Südwesten und Westen reicht der Blick von der Zugspitze bis zu den Allgäuer Alpen.

Oberlandler Wirte

Essen und Trinken halten Leib und Seele zusammen, heißt es, und im Tölzer Land wird die Gastlichkeit sehr groß geschrieben. Gerade in der Gemeinde Dietramszell gibt es hervorragende Wirtshäuser, und die Gäste kommen gern und immer wieder.

Doch man trifft auch Wirte, deren Charme für den Auswärtigen etwas gewöhnungsbedürftig ist. Die folgende Geschichte habe ich aus äußerst zuverlässiger Quelle, sonst hätte ich mich nicht getraut, sie aufzuschreiben. Denn ein bisserl skurril ist sie schon.

Den genauen Ort des Geschehens kennt der Autor und bewahrt darüber Stillschweigen. Außerdem möchte er dem ortskundigen Leser Platz zur Spekulation lassen.

Ein hungriger und durstiger Gast hatte sich vor vielen Jahren am späten Samstagnachmittag in den Garten einer gemütlichen Bauernwirtschaft gesetzt und ein Bier und einen Wurstsalat bestellt. Als er das Bier bekam, wurde er bereits aufgefordert, dieses schnell zu trinken, da bald Stallzeit wäre und das Wirtshaus dann leer sein solle. Man habe schließlich den Stall voller Kühe, müsse sich um die hungrigen Tiere kümmern und diese erwarteten regelmäßige Mahl- und Melkzeiten.

Schließlich brachte der Wirt laut vor sich hin schimpfend auch noch den Wurstsalat, forderte den Gast jedoch auf, diesen mitzunehmen, da keine Zeit mehr sei, ihn im Wirtsgarten zu verzehren.

Der Hungrige glaubte zunächst an einen Scherz, doch der Wirt zeigte sich unnachgiebig und keineswegs zu Scherzen aufgelegt. Er eilte in die Küche, brachte eine Plastiktüte und schüttete den Wurstsalat inklusive Essigsoße kurzerhand hinein. Dann drückte er dem erstaunten Gast seine Brotzeit in die Hand.

Der Fremde verließ hungrig und traurig die Stätte, an der das Wohl der Tiere so weit über den menschlichen Bedürfnissen stand, und suchte sich eine andere Wirtschaft. Als er von seinen Erlebnissen berichtete, gab es ein Mordsgelächter am Stammtisch, und der dortige Wirt brachte ihm Teller und Besteck umsonst oder gegen geringes Entgelt. Schließlich sollte der Arme den Wurstsalat nicht aus dem Plastikbeutel löffeln. – Das hätte ja auch blöd ausgesehen.

Man sagt, der neue Gast hätte anschließend mehr als eine Halbe gebraucht, um seinen Ärger hinunterzuspülen. Aber ins Tölzer Land kam er immer wieder, denn wie gesagt: Hier gibt es ganz außergewöhnliche Wirtshäuser!

Sie sind nur für kurze Zeit zu bewundern und das nur an kleinen, »auserwählten« Stellen:
eine Gladiolenwiese im Kochelmoos, dahinter Jochberg, Herzogstand und Heimgarten.

LINKS: Ein kalter Morgen im April: Blick von Hohenleiten über das nebelverhangene Alpenvorland Richtung Osten. Im Hintergrund der markante Gipfel des Wendelsteins

FOLGENDE DOPPELSEITE: Bayerische Bilderbuchlandschaft: Die Kirche von Holzhausen am Starnberger See, im Hintergrund die Gipfel der Ammergauer Alpen

Hornsteiner Glocken

So lange man denken kann, wird die Mesnerei in Hornstein am Rande des Isartals (Gemeinde Egling) vom Bauern des Ruckergütls versorgt. Das weiß ich sehr gut, da ich selbst aus diesem Geschlecht stamme.

Der Mesner hatte immer schon den Pfarrer zu versorgen, wenn er zur Messe kam, den Rosenkranz zu lesen, wenn jemand gestorben war, und sich natürlich um das kleine Kirchlein an der Abzweigung zur Aumühle zu kümmern. Außerdem wurde bis vor einigen Jahren jeden Tag zwei Mal geläutet: Zu Mittag, damit die Bauern auf dem Feld wussten, dass es zu essen gab. Und zu Abend, damit die Kinder wussten, dass sie jetzt besser mit dem Spielen oder Raufen aufhörten und heimgingen, wenn sie größeren Ärger vermeiden wollten.

Die Hornsteiner Glocken sind klein und haben einen hohen, durchdringenden, aber nicht unschönen Ton. Sie hängen in dem Kirchtürmchen, das man nur durch einen kreisrunden Einstieg über der Eingangstür betreten kann.

Zu Kriegszeiten erinnert sich die Staatsgewalt gerne der Metallreserven, die in den Gotteshäusern pazifistisch herum hängen. Deshalb wurde zu Beginn des Zweiten Weltkriegs dazu aufgerufen, die Glocken abzugeben, um daraus Kanonen zu gießen.

Mein Großvater, der damalige Mesner, hatte vor Verdun ein Bein verloren. Eigentlich hatte es lediglich den Vorderfuß erwischt, und er wurde in einem Sanitätswagen hinter die Front gebracht. Das dauerte Stunden, und ständig tropfte ihm das Blut des über ihm liegenden Schwerverletzten ins Gesicht. Seinen Kopf durfte er aber keinesfalls bewegen, denn im Hals steckte ein Granatsplitter direkt neben der Schlagader.

Endlich, im Lazarett, entfernte man zunächst den Splitter, dann wurde der Fuß großzügig abgesetzt, wie es in der Kriegschirurgie üblich war. Doch der Stumpf infizierte sich, und man musste erneut operieren. Schließlich blieb von dem schönen Bein nur ein Teil des Oberschenkels übrig. Alle vier Wochen trieben die Phantomschmerzen meinen Großvater schier in den Wahnsinn. Dann stand er die ganze Nacht am Fenster seiner Schlafkammer, schlug den Stumpf wieder und wieder ans Fensterkreuz und beschwerte sich bei allen Heiligen einzeln über sein Schicksal.

Natürlich musste er nach seiner Rückkehr den Hof bewirtschaften – mit nur einem Bein. Das war sehr mühevoll, vor allem beim Mähen mit der Hand und der gefährlichen Holzarbeit an den Isarleiten.

Logischerweise hatte er nach seinen Erfahrungen mit Ruhm und Ehre keinerlei Sympathie für die braunen Machthaber mit ihren Eroberungsplänen. Als sie seine Kirchenglocken wollten, um daraus Geschützmetall zu gewinnen, ließ er kurzerhand von zwei jungen Burschen die Glockenseile nach oben ziehen, sodass man sie im Kirchenraum nicht mehr sehen konnte. Geläutet wurde nicht mehr, und man harrte der Dinge, die da kamen.

Was kam, weiß ein jeder, und nach Kriegsende hatte man schon Glück gehabt, wenn man noch am Leben war. Auch für die Glocken war die stumme Zeit vorüber. Zwei Burschen holten die Seile wieder nach unten, doch es waren nicht mehr dieselben jungen Männer, die sie nach oben gezogen hatten.

Der eine von ihnen war in Polen vermisst. Sein jüngerer Bruder übernahm den Hof, und meine Mutter bekommt immer noch eine dünne Stimme, wenn sie von dem Nachbarsjungen redet. Der andere hatte gleich zu Kriegsbeginn ein Auge verloren und war schwer verletzt heimgekommen. Seine leere Augenhöhle war uns Kindern ein lebendes Mahnmal gegen den Krieg, denn wir stellten uns vor, welch unsägliche Schmerzen er bei seiner Verwundung erlitten haben musste.

Jedenfalls läuteten nach dem Krieg die Hornsteiner Glocken wieder, und vor dem Kirchlein bezogen amerikanische Soldaten Posten, um die Ochsenkarren zu kontrollieren, die langsam und polternd das Gras nach Hause und den Dung auf die Felder brachten. Ein lausiges und langweiliges Geschäft. Also lagen die Amerikaner mit aufgestrickten Hemden im Gras oder ließen die Beine aus dem Jeep baumeln.

Sie waren froh über die Abwechslung, wenn sie mit den Dorfkindern Ami-Zigaretten gegen Hasel- und Welschnüsse tauschen konnten.

Mein Opa jedoch – gedrillt auf deutschen Kasernenhöfen – wunderte sich, dass die fremden Soldaten so lässig auf dem Fahrzeug saßen und die Gewehre ins Gras und die Beine in die Höhe legten, während sie auf Posten waren.

Doch die Ami-Zigaretten schmeckten ihm sehr.

In Oberbayern darf die »Musi« nie fehlen,
wie hier während der Fronleichnamsprozession in Benediktbeuern.

Deininger Trachtenfahne

Deining liegt am Nordende des Tölzer Landes, und ich habe die Ehre, im Deininger Gemeindehaus das Licht der Welt erblickt zu haben.

Nach dem Krieg war eine heimatvertriebene Hebamme namens Federsehl in Deining gelandet, und man ermöglichte ihr, hier im Gemeindehaus in zwei nicht allzu großen Zimmern ihrem Beruf nachzugehen.

Frau Federsehl teilte gewöhnlich das große Doppelbett mit den Wöchnerinnen, damit die sich während der Nacht nicht allein fühlten. Doch meiner Mutter war es lieber, wenn die Hebamme im zweiten Zimmer schlief, denn sie schnarchte noch ärger als mein Vater.

Mit neun Jahren fragte mich der Loiche-Franz, ob ich nicht Lust hätte, zum Trachtenverein zu gehen, zum Schuhplatteln. Natürlich wollte ich, aber meine Mutter war anfangs dagegen. Sie fand mich eh schon so mager. Da täte mir das Rumhüpfen sicher nicht gut.

Der Vater brachte mich aber schließlich doch zur ersten Plattlerprobe, und jetzt bin ich seit über 40 Jahren Mitglied bei den »Dürnstoaner Deining«. Zwischenzeitlich war ich Schriftführer,

und in den Aufzeichnungen bin ich auf eine bärige Geschichte gestoßen, die bestätigt, dass Trachtenvereine nicht immer als Vorbild für Sitte und Anstand galten.

Im Jahre 1922 gründete Lorenz Schwab zusammen mit sechs Gesinnungsgenossen den Trachtenverein »Dürnstoana Deining«. Sie mähten Wegraine und magere Wiesen, um sich vom Erlös eine Fahne kaufen zu können. Die Christbaumfeier 1922, die sehr gut lief, weil der Auktionator Hans Erb und einige Halbe Bier die Preise in die Höhe trieben, tat ein Übriges dazu.

1923 wollten die jungen Trachtler die bunte Fahne vom Deininger Pfarrer Feicht weihen lassen. Doch Hochwürden hielt den Trachtenverein für eine bedenkliche »Verlustiergesellschaft« und gefährlich für Sitte und Moral. Also stellte er harte Bedingungen:

1. Am Tag der Fahnenweihe dürfe keine Tanzveranstaltung stattfinden.

2. Am Patroziniumstag müssten alle Vereinsmitglieder das heilige Sakrament erhalten.

3. Ein Drittel der Einnahmen bei der Fahnenweihe sollte der Kirche gespendet werden.

Die Trachtler waren mit allen Punkten einverstanden. Sie hatten aber mit dem Pfarrer diesbezüglich Geheimhaltung vereinbart.

Als Hochwürden den Vertrag jedoch am folgenden Sonntag triumphierend von der Kanzel herunter verlas, erklärten sie dem Pfarrer, dass sie sich nun ihrerseits auch nicht mehr an die Bedingungen gebunden fühlten. Daraufhin weigerte sich der Geistliche, die Fahne zu weihen.

Also fuhr eine Delegation des Trachtenvereins ins Ordinariat, holte sich dort aber eine grobe Abfuhr.

Als die Trachtler nun beschlossen, die Fahne gar nicht weihen zu lassen und sie lediglich feierlich in einem Festakt zu enthüllen, bekam Pfarrer Feicht kalte Füße. Auf einer eilig einberufenen Versammlung sprachen sich die zerstrittenen Parteien aus, und es kam zu folgender Vereinbarung:

1. Kein Tanz am Tag der Fahnenweihe.
2. Zu den Sakramenten sollte gehen, wer wollte.
3. Der Verein konnte der Kirche freiwillig einen Obolus spenden.

Die Fahne wurde geweiht und zog seitdem viele hundert Male in die Deininger St.-Nikolaus-Kirche ein, zu hohen Festtagen ebenso wie zu Beerdigungen.

Und kein Mensch kann sich heute mehr vorstellen, dass sie um ein Haar gar keinen kirchlichen Segen bekommen hätte.

Im Tölzer Land finden zwischen Mai und August unzählige Prozessionen
und Trachtenumzüge (hier in der Jachenau) statt.

Eurasburger Schönheiten

Eurasburg und Beuerberg liegen südlich von Wolfratshausen direkt an der Loisach, der sanften und lieblichen Schwester der bekannteren, aber gefährlicheren Isar. Und es gibt hier, wie im Lied vom schönen Loisachtal besungen, viele auffallend schöne Mädchen.

Nun steht der Bayer – und speziell auch der Oberlandler – in dem Ruf, etwas kurz angebunden zu sein. Dem Fremden mag er deshalb gelegentlich mürrisch oder unfreundlich erscheinen, aber man macht einfach nicht viel Aufhebens um die Dinge. »Nicht geschimpft ist genug gelobt«, sagt man, wenn es um die Wertschätzung einer gelungenen Arbeit geht.

Beim Umgang mit dem schönen Geschlecht verhält es sich ähnlich: Ein schönes Mädchen ist nicht *bellissima* oder eine *cosita rica*, wie sich die Südländer ausdrücken. Sie ist auch kein Püppchen oder eine »Schnitte«, wie der Norddeutsche sagt. Sie ist »ned schiach«, was »nicht hässlich« bedeutet. Oder man nennt sie ein »sauberes Mensch«, was nichts mit der Körperhygiene, vielmehr mit ihrem gefälligen Wuchs zu tun hat.

Der Oberlandler ist der weiblichen Schönheit trotz der sparsamen Wortwahl aber durchaus nicht abgeneigt. Die Leute des Landstrichs südlich von München sind oft recht gutaussehend. Man nimmt dies wahr und freut sich daran, denn eine Schöne frisst auch nicht mehr als eine Hässliche, sagen die Leute.

Bei einem Trachtenjahrtag erzählte der Altlandrat Manfred Nagler, dass der Kurfürst im 17. Jahrhundert einen Boten ins Oberland geschickt haben soll, damit der ihm berichte, wie es dort zugehe. Ein Kurfürst reiste damals nicht übers Land, um zu sehen, wie es seinen Untertanen ging. Er ließ sich berichten, und wir kennen die Schilderung, weil sie aufgeschrieben wurde. Die Oberlandler, meinte der Bote, seien kräftige, tüchtige und mutige Männer. Die Höfe wären gut in Schuss und die Handwerker fleißig. Die Waren aus der Gegend würden mit dem Floß bis nach Ungarn verkauft und die Flößer kämen mit der Geldkatze voll Gold- und Silbermünzen zurück.

Leider seien die Oberlandler etwas jähzornig, weshalb es oft Raufhändel gäbe und ein jeder ein scharfes Messer im Gürtel trage.

Blick über das Schloss Eurasburg auf den markanten Wendelstein im Osten

Die Weiberleut in Wolfratshausen, Tölz und Umgebung hätten im Gegensatz zu den Mannerleit ein liebliches und sanftes Wesen. Dazu wären sie auffallend schön in Gestalt und Antlitz, weshalb sie meist schon Kinder hätten, noch ehe sie verheiratet wären.

Diese Tradition sollte sich noch lange halten …

Ich fragte also nach, ob es in der Eurasburger Gemeinde besonders viele uneheliche Kinder gäbe, doch ich bekam keine Antwort. – Mit dem Datenschutz nimmt man es heutzutage genauer als zu Zeiten, als der Kurfürst sich berichten ließ.

Ansonsten ist vieles beim Alten geblieben, wie Sie sicher bemerken werden, wenn Sie das Beuerberger Inselfest besuchen.

Von Faistenberg, ein paar Kilometer südlich von Eurasburg, breitet sich das bayerische Alpenvorland bis zu den Bergen im Süden vor dem Betrachter aus. Links das Estergebirge, in der Mitte in Wolken das Zugspitzmassiv, rechts Ettaler Mandl und Laber

In Faistenberg zu verschiedenen Tages- und Jahreszeiten: Hier schweift der Blick an einem föhnigen Spätherbsttag über das Alpenvorland auf Zugspitze und Ammergauer Alpen …

… hier bringt ein fantastisches Morgenrot
den Himmel über den Bayerischen Voralpen im Osten zum Glühen.

Gaißacher Burschen

Gaißach liegt zwischen Bad Tölz und Lenggries. Der Kraudn-Sepp, ein Sänger und Zitherspieler, der auch soziale Missstände anprangerte, und viele andere Musiker kommen aus dem Ort. Außerdem gibt es das bekannte Schnablerrennen, bei dem sich waghalsige Burschen auf großen Transportschlitten eine steile Piste hinabstürzen und oft genug – vor allem auf der finalen Sprungschanze – Schlittenbruch erleiden. Seit die Teilnehmer vor der Abfahrt aber keinen Schnaps mehr trinken dürfen, gibt es weit weniger Verletzte als früher.

Die Gaißacher seien die »dritte Rass«, meinen viele, und wirklich: Das harte Leben in den Bergen als Bauer, Holzer oder Flößer hat einen zähen, widerstandsfähigen Menschenschlag hervorgebracht, darunter zahlreiche Wilderer. Die stimmten früher gerne das Lied vom Boarischen Hiasl an:

I bin der Boarisch Hiasl
Koa Jaga hod die Schneid
Dass er mir d' Spielhahnfeder
Vom Hiatl oba keit. – Juchä.

Besonders gerne sang man es, wenn Jäger am Nebentisch saßen und zornig zu den Sängern herüberschauten. Das Lied führte oft zu grimmigen Raufereien; denn die Feindschaft zwischen Wilderern und Jägern war tief verwurzelt. In den Bergen kam es nicht selten zu einem Schusswechsel, bei dem ein Jäger oder ein Wildschütz angeschossen oder gar tödlich getroffen wurde. Dann schwor die andere Seite blutige Rache und die Feindseligkeiten gingen, befeuert von neuem Hass, weiter.

Interessanterweise rekrutierten die Förster als Jäger ausschließlich Burschen, die als Wilderer bekannt waren. Man wusste, dass sie in der Jagd erfahren waren und die hintersten Schliche und Steige kannten. Außerdem waren sie zäh und äußerst loyal, sobald sie ihren Diensteid abgelegt hatten. Es gab nie einen Fall, dass ein angestellter Jäger beim Wildern erwischt worden wäre.

Von dem Tag seines Amtseides an brauchte sich der Grünrock im Wirtshaus aber nicht mehr an den Tisch seiner alten Spezl zu setzen. Man redete nicht mehr mit ihm, und vielleicht hätte es auch gleich eine Rauferei gegeben. Er hockte nun bei den Jägern und konnte sich das »Lied vom Boarischen Hiasl« anhören, das er vor kurzem selbst noch gesungen hatte.

Bis zu 25 Meter weit springen die waghalsigen Gaißacher Burschen auf ihren selbstgebauten
hölzernen Schlitten beim traditionellen Schnablerrennen im Januar.

Diese prächtigen, alten Bauernhöfe sind noch häufig im Isartal
zwischen Sylvenstein und Tölz zu finden.

Besonders schön anzusehen sind sie natürlich im herbstlichen Gewand Ende Oktober.
Die uralten Ahornbäume zeigen ein letztes Mal vor dem bevorstehenden Winter ein prächtiges Farbenspiel.

Geretsrieder Tradition

Ich kenne keinen, der sagt, dass Geretsried besonders schön sei oder eine großartige Tradition habe. Dabei handelt es sich um die größte Stadt im Landkreis. Doch Geretsrieds Geschichte ist kurz und erzählt viel von Not und Vertreibung.

Vor dem Krieg bestand Geretsried aus drei Bauernhöfen und gehörte zur Gemeinde Gelting. Die Nazis errichteten in den Isarauen eine Munitionsfabrik, wobei sie die Straßen so anlegten, dass sie von der Luft her aussahen wie die Seitenarme der mäandernden Isar. Die Anlage war so gut versteckt, dass sie von den feindlichen Aufklärungsflugzeugen nie entdeckt wurde und kein großer Luftangriff wie auf andere kriegswichtige Einrichtungen stattfand.

Geretsried zog sich also ohne Ortszentrum entlang der Isar. Tausende von Zwangsarbeitern waren in Baracken untergebracht. Nach dem Krieg verschwanden sie, und es kamen Flüchtlinge und DPs (displaced persons). Das Ortsbild interessierte zunächst niemanden. Man brauchte ein Dach über dem Kopf und Essen für die Kinder.

Meine Mutter (Jahrgang 1929) sagte oft, sie könne sich nicht beschweren. Sie habe auf unserem Hof immer genug zu essen gehabt und nie von zu Hause weg müssen. Und dann erzählt sie von den armseligen Gestalten, die nach dem Krieg mit dem Leiterwagen und kleinen Kindern an der Hand daher kamen. Frauen, Alte und Kinder. Die Männer irgendwo erschossen oder vermisst oder bestenfalls in Gefangenschaft.

Sie haben die Stuben in den Bauernhäusern belegt und die Baracken in Geretsried. Man musste zusammenhalten in der Fremde, sonst wäre es gar nicht gegangen. Als die Männer heimkamen, wurden erste Unternehmen gegründet und bald ging es aufwärts. Inzwischen zählt die Stadt Geretsried gut 23 500 Einwohner, und irgendwann ist sie vielleicht nicht nur die größte im Landkreis, sondern auch die schönste, wenn die Bewohner weiter so fleißig dran arbeiten und auf dem Karl-Lederer-Platz Baum um Baum pflanzen.

Vor kurzem erzählte mir ein Freund, der Geretsrieder Chorleiter und Bandleader Roland Hammerschmied, in seiner Nachbarschaft sei eine junge Afghanin mit zwei Kindern eingezogen. Ihr Mann wäre daheim erschossen worden, und sie musste das Land verlassen. Man würde sich ein wenig um sie kümmern, sagte er. Geretsrieder Tradition halt.

Geretsried ist die jüngste Stadt im Landkreis Bad Tölz-Wolfratshausen. Erst am 27. Juli 1970 wurde die Gemeinde zur Stadt erhoben. Nach dem Krieg siedelten sich neue Unternehmen in der Stadt zwischen Loisach und Isar an.

Was für ein Föhnabend im Dezember! Die Sonne lugt
nur für wenige Minuten unter der Wolkendecke hindurch
und taucht das Alpenvorland nahe Münsing in schönstes
rotes Licht.

Greilinger Kernzl

Greiling ist eine schöne, weitläufige Gemeinde im Osten des Tölzer Landes; sie reicht von den Vorgebirgen bis Tölz und Sachsenkam. Es gibt eine Menge tüchtiger Bauern und Handwerker, die weit über die Gemeindegrenzen hinaus Arbeit finden.

Aber wenn sie sich weh tun, die Maurer und Zimmerleute, dann kommen sie gleich wieder heim. Denn in Greiling praktiziert der Kernzl, der meist einen Rat weiß oder eine Kur, die die Arbeitskraft schnell wieder herstellt.

Mit dem Knocheneinrenken und Verletzungen jeglicher Art kennt er sich aus, der Kernzl, und zwar seit Generationen. Der jetzige Kernzl hat Medizin studiert, seine Vorgänger waren eine Art Heilpraktiker, die ohne Abschluss ihrem Gewerbe nachgingen.

Die Bauern verletzten sich oft bei ihren gefährlichen Arbeiten, vor allem im Wald. Wenn es nicht zu weit fehlte und man nicht ins Krankenhaus nach Tölz musste, ging man zu dem Wundheiler nach Greiling, und der hatte überraschende Behandlungserfolge, sonst wäre ihm die Kundschaft bald weggeblieben.

Bekannt war der Kernzl aber nicht bloß für seine Erfolge, sondern auch für seine unkonventionellen Methoden. Er hatte es, wie gesagt, großenteils mit bäuerlicher Kundschaft zu tun. Da zählten weniger die süßen Worte als vielmehr der nackte Erfolg. Und wenn sich der Erfolg einstellt, nimmt man einiges in Kauf. So auch in folgender Geschichte, die ich von verschiedenen Seiten gehört habe.

Eine Bäuerin war gestürzt, und von da an tat ihr der rechte Arm weh. Sie war nicht empfindlich, hatte Kinder und einen Haufen Arbeit; also legte sie Verbände an, schmierte sich mit der Kernzlsalbe ein und tat ein wenig langsamer. Doch die Schmerzen wollten nicht vergehen, und nach einigen Wochen entschloss sie sich, den Kernzl selbst zu konsultieren.

Der sah sich die Sache an und wurde immer wortkarger. Schließlich meinte er, sie habe sich den Arm gebrochen und der wäre falsch zusammengewachsen. Er könne aber nichts mehr für sie tun, schimpfte sie ein wenig wegen ihres Säumens und schickte sie fort.

Enttäuscht verließ die Bäuerin die Praxis. Sie hatte sich Hilfe erhofft und überlegte schon beim Verlassen des Kernzlanwesens, an wen sie sich nun

Wonnemonat Mai am östlichen Rand des Tölzer Lands: Die Obstbäume stehen in voller Blüte.
Der flache Gipfelaufbau des Hirschbergs im Hintergrund ist noch schneebedeckt.

wenden könne. Sicher ärgerte sie sich auch über die vorwurfsvollen Worte.

Gerade, als sie das Anwesen verlassen wollte, rief ihr jemand hinterher, sie solle noch einmal zurückkommen. Es war der Kernzl. Er meinte, er habe vergessen, sich zu verabschieden. Die Bäuerin kehrte um, der Kernzl streckte ihr die Hand durch das geöffnete Fenster entgegen, und als sie ihm die ihre zum Gruß reichte, schlug er ihr den Unterarm hart aufs Fensterkreuz.

Ein fürchterlicher Schmerz durchfuhr sie, doch der Kernzl war jetzt wie ausgewechselt, sagte überaus freundlich, sie solle gleich hereinkommen. Der Arm sei an der rechten Stelle wieder gebrochen, und jetzt könne man ihn ordentlich einrenken und dann einen Gips anlegen.

Ickinger Spezialitäten

Icking grenzt an den Münchener und den Starnberger Landkreis. Von der wunderbaren Lage des Orts am Rande des Isartals sieht man weit ins Tölzer Land hinein. Seit Ende des neunzehnten Jahrhunderts zieht es Intellektuelle und »bessere Leut« aus München heraus aufs Land, und Icking ist wegen seiner Bahnstation besonders beliebt.

Das Gymnasium wurde 1921 in Eigeninitiative als Einraumschule gegründet. Zwei Jahre später zog man in die Villa von Leutnant Fritz Bullrich-Mörlbach, dem Erfinder des Bullrichsalzes (»was die Braut ist für die Trauung – ist Bullrichsalz für die Verdauung«).

Der Individualtransport von Schülern zum Unterricht verstopfte damals noch nicht die Zufahrtswege zu den Schulen, wie folgender Bericht von Hanns Reich aus dem Jahre 1927 beschreibt:

»Es ist fünf Minuten vor acht. Aus Richtung Wolfratshausen tönt ein rasch anschwellendes Brausen und Jaulen herüber. Kurz darauf schießt eine riesige Staubwolke den Wenzberg herauf. Bremsende Räder auf der Sandstraße bewirken die rasche 180°-Wendung des Wagens und eine enorme Ausdehnung der Wolke. Nachdem sich der Staub verzogen hat, steht vor dem Schulgrundstück – das Auto ist inzwischen fast wieder außer Sicht- und Hörweite – ein kleiner Bub. Es ist der Sohn des berühmten Rennfahrers Hans Stuck. Wie jeden Tag hat er seinen Sohn ›standesgemäß‹ zur Schule gebracht und dabei gleich noch eine Trainingsrunde gedreht.«

Wegen des Standortfaktors Schule kaufte der berühmte Schriftsteller Waldemar Bonsels 1922 das Hollerhaus für seine Frau und die Söhne.

In dem Haus wurden auch schöne Feste gefeiert, und in lauen Sommernächten sollen spärlich bekleidete junge Freundinnen des Dichters im Garten getanzt haben. Dies erregte den Unmut der »anständigen Frauen« in Icking, denn so mancher »anständige Gemahl« lugte nächtens über den Zaun hin zu dem aufreizenden Treiben.

Auf einer Gemeindeversammlung sollte nun beschlossen werden, das unkeusche Künstlervolk aus dem Dorf zu verjagen. Das Gezeter ging hin und her, und schließlich wurde einer der größeren Bauern, der nur stumm da gesessen hatte, aufgefordert, sich zu dem Skandal zu äußern.

Der Mann nahm die Pfeife aus dem Mund und sagte lakonisch: »Ja mei, wenn's mi fragt's: Mir g'fallts.«

Sonnenaufgang über dem herbstlichen Isartal nahe Icking. Der kleine Ort vor den Toren
Münchens bildet die nördliche Grenze des Tölzer Landes.

Anfang Mai, ein paar Kilometer nördlich von Icking:
Raps, so weit das Auge reicht. Im Hintergrund
Benediktenwand und Karwendelgebirge

Jachenauer Hochzeit

Die Jachenau liegt im Süden des Tölzer Landes und reicht bis zum Walchensee. In dem von mittelhohen Bergen eingefassten Quertal leben vor allem Bauern und Handwerker, die zum Arbeiten oft bis München fahren müssen.

Folgende Geschichte aus der Jachenau wurde mir von sehr ehrenhaften Leuten zugetragen, sonst hätte ich sie nicht geglaubt und mich nicht getraut, sie aufzuschreiben.

Ein gut betuchtes Paar von auswärts hatte vor, zur Jahreswende im Tölzer Land zu heiraten. Der Standesbeamte in Bad Tölz hatte keine Lust, für die Fremden eine Extrawurst zu braten. Er lehnte die Zeremonie ab und verwies auf einige kleinere Gemeinden, die sich möglicherweise bereit erklärten, das Paar zu vermählen.

In der Jachenau wurde man erhört, und schließlich kamen die Heiratswilligen mit ihrem Aufgebot an Silvester zum dortigen Rathaus.

Es wurde ihnen von einem schnauzbärtigen Einheimischen geöffnet, den die Hochzeitsgesellschaft als Gemeindediener einordnete. Der Mann redete nicht viel und ließ sie im Wartezimmer aus-harren, bis der Herr Bürgermeister Zeit für sie hatte.

Das Paar und die Hochzeitsgäste setzten sich und warteten, bis sich die Tür zum Standesamt öffnete und der Bürgermeister, welcher die Trauung vollziehen sollte, erschien. Man staunte nicht schlecht, als sich herausstellte, dass der schnauzbärtige Gemeindediener innerhalb weniger Minuten zum Bürgermeister mutiert war. Dazu war er sich mit dem Kamm durch die Haare gefahren und hatte eine gute Joppe angezogen.

Die Trauung verlief feierlich und routiniert. Nachdem der Hochzeiter seine Braut ausgiebig geküsst hatte, gratulierte auch der Bürgermeister, um schließlich darauf hinzuweisen, dass die Gebühren für die Trauung sofort zu entrichten seien. Schließlich seien sie keine Gemeindebürger und man habe mit Auswärtigen schon schlechte Erfahrungen gemacht. Die Kasse sei nur ein paar Türen weiter und in wenigen Minuten geöffnet.

Der Bräutigam nahm die Glückwünsche der Hochzeitsgäste entgegen und begab sich schließlich in den Kassenraum. Das Rollo fuhr hoch und hinter der Kasse saß der schnauzbärtige Jachenauer, der

Ein Morgen im Herbst auf dem Seekarkreuz nahe Lenggries. Das Jachenauer Tal ist noch dicht in Nebel gehüllt, dahinter Zugspitzmassiv (links), Estergebirge und die Ammergauer Alpen.

bereits als Gemeindediener und Bürgermeister fungiert hatte. Ohne eine Miene zu verziehen, nahm er die Gebühr entgegen, wünschte alles Gute und verabschiedete die Gesellschaft.

Manche Menschen – und das sind nicht wenige – behaupten, die Jachenauer seien ein ganz besonderes Völkchen, und diese Geschichte unterstreiche das ganz besonders. In Sachen Flexibilität und Multitasking macht ihnen jedenfalls niemand etwas vor!

Aufstieg zum Hirschhörnlkopf: Immer wieder ergeben sich vom Weg schöne Blicke in die Jachenau, rechts spitzt der Kirchturm des gleichnamigen Ortes aus dem Nebel.

Ein bayerischer Don Camillo

Die Jachenau ist bäuerlich geprägt, mit vielen kleinen, aber auch größeren Höfen. Sie ist sehr idyllisch, eingerahmt von mittelhohen Vorbergen und mit viel Schnee im Winter. Den Jachenauern sieht man die harte Arbeit in der Landwirtschaft und im Holz an, und es heißt, ein Fremder hätte es nicht leicht in dem schönen Tal.

Ausgerechnet dorthin hatte es 1914 den schwäbischen Pfarrer Josef Conrad verschlagen, der bis 1951 im Amt blieb und immer noch eine Legende ist.

Über die Ehelosigkeit katholischer Pfarrer meinte er, man brauche die Frauen deshalb nicht zu hassen, wenngleich es manche Priester täten, um dieses Verbot besser verkraften zu können. Er dagegen stellte seine eigene, freie Entscheidung in den Vordergrund und erklärte den Feiertagsschülern: »Habt ihr vielleicht denkt, ihr Buaba, mir Pfarrer hättet koine kriagt – noi, mir hent koine wölla.«

Jetzt wussten die Buben Bescheid.

Am Biertisch und beim Kartenspielen redete er die säumigen Schäflein, die er wohl im Wirtshaus, aber nie in der Sonntagsmesse antraf, ohne Zögern an:

»Dich han i no nia in der Kirch gseha!« Worauf manch Angesprochener erwiderte: »Ja, i di a net!«

Der Jachenauer Pfarrer ließ auch gelegentlich den Willen fürs Werk gelten. So geschah es bei der Segnung eines neuen Hauses. Er sprach im Parterre die Segensgebete und sparte nicht mit Weihrauch und Weihwasser. Dabei bemerkte er auf dem Küchentisch eine Schachtel Zigarren und eine Brotzeit.

Schnell war die Aussegnung beendet, und schon ließ er sich in der Küche nieder und steckte sich eine Zigarre an.

Die Hausfrau war damit nicht einverstanden und bestand auf einer Weihe des gesamten Gebäudes, also auch der oberen Räume.

Der Pfarrer sah die Frau mit dem Blick an, mit dem jeder Fachmann den Laien betrachtet, der gerade einen äußerst unqualifizierten Kommentar abgegeben hat, und sagte paffend: »Braucht's it! Dia Weich ziagt vo selber nauf.«

Jeder katholischen Hochzeit geht das sogenannte Stuhlfest voraus; heute sagt man dazu Brautexamen. Pfarrer Conrad wirkte jahrzehntelang in der Jache-

Die Fronleichnamsprozession in der Jachenau gehört zu den schönsten in ganz Bayern.
Von der Kirche im Ort Jachenau geht es über die Felder bis zum Ortsteil Berg und dann zurück.

nau, war ein sehr praktischer und umgänglicher Mensch und kannte seine Schäfchen.

Bei einem Stuhlfest fragte er nun die Braut, die anscheinend kein unbeschriebenes Blatt war: »Was soll i saga beim Verkünda von da Hochzeit – Jungfrau oder Freilein?«

Vor jeder Hochzeit wurden die Heiratswilligen öffentlich bekannt gemacht und anschließend von der Kanzel herab verkündigt, wer mit wem den Bund der Ehe eingehen wollte. Der Wortlaut war in etwa: »Zum heiligen Sakrament der Ehe haben sich versprochen die ehr- und tugendsame Jungfrau und der ehrengeachtete Jüngling …«

Gelegentlich kam es vor, dass sich der Pfarrer energisch die Brille hin und her schob, immer wieder räusperte und schließlich herausgrantelte: »Dös hat der Pfarrer von Lenggrias gschrieba – dös ka koi Teifl it lesa!«

Der Pfarrer Conrad war – wie bereits erwähnt – ein sehr praktisch veranlagter Mensch. Nach seiner Ansicht zur praktizierten Liebe befragt, erklärte er einem jungen Burschen ohne Zögern: »Bussiera derfscht scho, aber es darf it z'lang daura!«

Hochwürden wurde 89 Jahre alt und erkrankte schließlich schwer. Als ihn die Ärzte im Tölzer Krankenhaus mit Injektionen und Infusionen traktieren wollten, wehrte er sich gleich in seiner selbstbewussten und zielstrebigen Art: »Nix da kuriera – g'storba wird!«

Die Anekdoten stammen aus dem Buch »Die Jachenauer und ihr Pfarrer« von Lisl Martin-Schwaiger.

Winterimpressionen auf dem Brauneck. Das Skigebiet gehört zu den bekanntesten in den Bayerischen Alpen.
Wer den Trubel auf den Pisten scheut, der sollte von der Station der Gondelbahn
die wenigen Meter zum Gipfel laufen und dort die Winterstille genießen.

Der Jochberg ist *der* Hausberg vieler Münchner. Wer den
Trubel auf dem Gipfel scheut, der sollte früh aufstehen
und bereits zum Sonnenaufgang ganz oben stehen. Der Blick
ist grandios: unten die Jachenau, links hinten der Guffert,
rechts der Staffel.

Kocheler Mannsbilder

Der Ort Kochel liegt herrlich am Kochelsee zwischen Herzogstand und Jochberg. Die Leute dort sind recht selbstbewusst, nicht umsonst wird der Schmied von Kochel als Anführer der Bauern bei der Sendlinger Mordweihnacht (siehe auch die Geschichte vom Heilbrunner Heilwasser) genannt.

Der Scheanala-Hans (1835–1914) war ein typisches Exemplar aus dieser Gegend. Ein kühner, kräftiger Mensch und schneidiger Wilderer, der beim Bau des Gasthofs Neujoch einen Kopfstand auf dem First gemacht haben soll. Seine Frau wurde die »Engländerbäuerin« genannt, da sie öfters Briten beherbergte und sogar einige englische Brocken beherrschte.

Wie harmonisch die Ehe war, ist nicht bekannt. Bekannt ist, dass es der Scheanala-Magdalena oft gestunken hat, wenn ihr Mann so viel Zeit im Wirtshaus zubrachte. Um ihm diese Untugend auszutreiben, schloss sie eines Tages die Haustüre ab. Also nahm der Gemahl eine Zeit lang die Haustüre mit zum Wirt. Als ihm dies zu beschwerlich wurde, stand er wieder vor der verschlossenen Tür. Kurz entschlossen schrie er vor dem Kammerfenster der Frau: »So – jetzt ertränk ich mich«, und warf einen großen Holzstock in den Brunnen.

Natürlich stürzte die Magdalena heraus, um ihrem Mann zu helfen. Doch der schlüpfte ins Haus und verschloss die Tür von innen. Da war sie es, die betteln musste, um wieder eingelassen zu werden.

Eines Tages machte der Scheanala mit seinen Wirtshausbrüdern eine Wette: Wenn er heimkäme, würde seine Frau anfangen zu singen. Falls er gewinne, bekomme er von jedem eine Maß.

Man machte sich mitten in der Nacht auf den Weg zum Scheanala-Anwesen und postierte sich in gebührendem Abstand zum Kammerfenster.

Der Scheanala-Hans holte tief Luft und begann zu singen: »Jetzt kimmt der Hausherr – jetzt kimmt er heim.«

Worauf seine Frau singend erwiderte: »Jetzt kimmt der Saubär – jetzt kimmt das Schwein.«

Der Scheanala hatte die Wette gewonnen, und er scheint mir nicht der Mensch gewesen zu sein, dem die derbe Ansprache seines Eheweibs aufs Gemüt geschlagen hätte. Er hat sich das gewonnene Bier sicher gut schmecken lassen.

Vom Verein für Heimatgeschichte (Irene Habla, Jost Kraus)

Der Kochelsee zu Füßen von Herzogstand und Heimgarten. Nur selten ist der knapp
sechs Quadratkilometer große See so glatt wie an diesem Frühlingstag im April.

Blick vom Rabenkopf auf den Ort Kochel samt See.
Im Hintergrund reicht der Blick bis nach Murnau und
bis zum Staffelsee im Westen.

An wenigen Tagen im Jahr verwandelt sich das Kochelmoos in eine Wintertraumlandschaft.
Raureif hat sich über Nacht auf die Bäume gelegt und verzaubert die Landschaft vor dem Herzogstand.

Nur im Winter zwischen Dezember und Februar steht die Sonne mittags derart tief
über den Bootshäuschen am Kochelsee nahe Schlehdorf.

Königsdorfer Buben

Königsdorf ist auf dem Einband dieses Buches abgebildet, und es ist wirklich so schön, wie es aussieht.

Das Dorf hat auch den Nazis gefallen, und so errichteten sie 1936 das Hochlandlager zwischen Osterhofen und der Isar. Nach dem Motto »Disziplin und Glaube« wurden hier bis Kriegsende Zehntausende von HJ-Buben geistig und körperlich auf den Kriegsdienst vorbereitet.

Recht wehrhaft – doch nicht im nationalsozialistischen Sinne – waren auch der Wirts-Hans, sein Bruder Sepp und ihre Freunde. Sie stammten aus Osterhofen, was zur Folge hatte, dass man sich innige Schlachten mit den Buben aus Niederham und Königsdorf lieferte.

Eindringlinge wurden gerne heim »gescheitelt«, was nichts mit einer neuen Frisur zu tun hatte. Vielmehr bewarf man die Gegner mit Holzscheiten, wobei es blaue Flecken und dicke Beulen gab. Kaum vorstellbar, was moderne Mütter dazu sagen würden, sollte jemand mit ihren Sprösslingen so umspringen.

Im Hochlandlager standen etliche Baracken und Dutzende von Mannschaftszelten, die gelegentlich von den Pimpfen und Ausbildern gänzlich allein gelassen wurden. Ein gefundenes Fressen, ja geradezu eine Provokation für den Wirts-Hans und seine Freunde.

Mit den Nazis hatten sie es eh nicht, man war eher sozialdemokratisch. Sobald die Luft rein schien, schlichen sie ins Lager, sprangen von den Bäumen auf die großen Gemeinschaftszelte, bis sie zusammenbrachen, und bewarfen den hölzernen Reichsadler mit Flaschen, bis ihm die Flügel brachen.

Angst hätte er dabei keine gehabt, sagt der Hans. »Wir waren so flink und haben uns ausgekannt. Erwischt hätte uns keiner!«

Auch wenn das Lager besetzt war, trieben sie sich gern in seiner Nähe herum. Dort gab es ergiebige Mäusevorkommen, und mit dem Fangen von Mäusen verdienten er und sein Bruder sich ein schönes Taschengeld. An einem Tag sollen sie bis zu hundertfünfzig Stück erwischt haben.

Wenn sie in der Nähe des Hochlandlagers unterwegs waren, achteten sie darauf, ihre Fallen in beiden Händen zu halten, damit sie keinen Hitlergruß machen mussten, falls sie einem Uniformierten begegneten. Plötzlich stand Baldur von Schirach vor ihnen, der Reichsjugendführer. Natürlich nicht alleine, sondern umgeben von seinen Hofschranzen.

»'S Gott«, grüßten die Buben. Wie bereits erwähnt, der Hitlergruß war ihnen nicht möglich.

Baldur von Schirach interessierte sich für die Burschen; er fragte sie aus und war zufrieden, dass alle eine Menge Geschwister hatten. Dass sie nicht bei der HJ waren, gefiel ihm natürlich weniger.

Was sie mit diesen »Dingern« wollten, fragte er und deutete auf die Mäusefallen, die der Hans und der Sepp fest in beiden Händen hielten.

»Wir gehen zum Mausen«, sagte der Wirts-Hans und wunderte sich über das blöde Lachen, in das die Uniformierten ausbrachen.

Gegen Kriegsende ist er noch einberufen worden, genauso wie sein Bruder. Sie sollten daran denken, dass die anderen auch einen Vater und eine Mutter hätten, hat ihnen ihr Vater mit auf den Weg gegeben. Sie sollten nur schießen, wenn es gar nicht anders ging, und sie sollten keine Helden spielen.

Glücklicherweise sind beide unversehrt vom Krieg wieder heimgekommen.

Doch viele, die im Hochlandlager zu Helden ausgebildet wurden, hatten nicht so viel Glück.

Die Baracken des Lagers standen bis in die Fünfziger Jahre hinein. Niemand kümmerte sich um den unseligen Ort.

Da hatte der Wirts-Hans das Hausbauen im Sinn, und er meinte, er könne das Holz aus den Dachstühlen gut brauchen. Zusammen mit einem Freund hinterlegte er eine Kaution bei der Gemeinde, die sie erst zurück bekommen sollten, wenn das Lager dem Erdboden gleich gemacht wäre. Von den Materialien könnten sie nehmen, was sie bräuchten.

Bald erinnerte nichts mehr an den braunen Spuk, und erst Jahre später wurde an derselben Stelle eine Begegnungsstätte für Jugendliche erbaut.

Die gibt es immer noch. Sie soll dazu beitragen, dass nie wieder ein Baldur von Schirach oder ähnliche Konsorten junge Menschen herumkommandieren.

Der Perspektive des Teleobjektivs täuscht: Zwischen Königsdorf und der Zugspitze im Hintergrund liegen über 40 Kilometer.

Lenggrieser Wolkenkratzer

Lenggries ist (nach der Landeshauptstadt München) die größte Flächengemeinde Bayerns und reicht von Gaißach bis an die österreichische Grenze. Dort finden wir den Schafreuter, den mit 2102 Metern höchsten Berg des Tölzer Landes.

Bekannt geworden ist Lenggries durch seine internationalen Skirennen und die großartigen Sportler: Martina Ertl, Hilde, Michaela und Annemarie Gerg und viele andere. Darunter auch einige Männer, zum Beispiel Andreas Ertl und Florian Eckert.

Das Skifahren ist nicht die einzige Herausforderung, die Lenggries für seine Burschen bereithält. Denn in ihrer Pfarrkirche steht der »Himmelskratzer«, eine Fahne, deren Stange vierzehneinhalb Meter lang ist. Sie wird nicht oft aus dem Kirchenschiff herausgeholt, aber bei keiner Fronleichnamsprozession darf sie fehlen. Der Himmelskratzer ist nämlich nicht zu übersehen.

Die Fahnenstange ist ein Meisterwerk. Sie ist aus einem Stück gefertigt und zwar außerhalb der Kernmitte des Stammes, damit sich das Holz nicht verzieht. Sie wurde aber nicht angeschafft, um anderen Gemeinden gegenüber anzugeben, sondern weil die Fronleichnamsprozession durch stark bebautes Gebiet zieht. Sobald der Segen an den jeweiligen Stationen gesprochen ist, soll das Glockengeläut der Pfarrkirche einsetzen, damit die Gläubigen weiterziehen können.

Was heutzutage kein Problem darstellt – ein Prozessionsteilnehmer und der Mesner verständigen sich über ein Handy – war früher nur durch optische Signale zu lösen. Es befand sich also ein Ministrant auf dem Kirchturm und schaute, wann sich der Prozessionzug in Bewegung setzte. Das sah er am besten am Himmelskratzer. Dann gab er dem Mesner ein Zeichen, der dann die Glocken läutete.

Sobald die nächste Station erreicht war, standen der Zug und auch der Himmelskratzer. Also konnte man das Geläut beenden.

Es ist eine große Ehre, den Fronleichnamszug mit diesem Mordstrumm von einer Fahne anzuführen, und viele möchten sie tragen. Aber nur die kräftigsten Burschen kommen zum Zug, denn die Stange ist schwer zu halten, sobald der Wind in die kleine Fahne an der Spitze hineinfährt.

Nun gibt es für das Tragen des Himmelskratzers keine Weltcup-Punkte, aber bei den jungen Damen

Sonnenuntergang über dem Sylvensteinspeichersee:
Der See wurde zwischen 1954 und 1959 zum Hochwasserschutz im Isartal aufgestaut.

sicher einen Bonus, wenn man einer von denen ist, »der die große Fahne schon einmal getragen hat«.

Und wenn es sich um die Richtige handelt, dann ist dem Träger dieser Bonus vielleicht wichtiger als alle internationalen Ehren auf den Podesten des Ski-zirkus.

Idee aus der Lenggrieser Chronik von 1989, Carl-Josef von Sazenhofen

Blick vom Seekarkreuz ins Isartal auf den Ort Lenggries. Im Hintergrund der Hausberg der Tölzer – der Blomberg

Die Flößerei

Die Flößerei stellte jahrhundertelang eine wichtige Einnahmequelle für ganze Generationen dar. Die Waren wurden aus Mittenwald und der Vorderriß bis München, Wien, Budapest und sogar bis ans Schwarze Meer befördert. Die Kraft der *Isara rapida* (also der reißenden Isar) war das billigste Transportmittel für Bäume, Brennholz, Kalk, Tölzer Kästen und andere Ware, die zum Teil aus Italien kam. Und weil der Fluss auf seiner ganzen Länge nicht schiffbar ist, boten die Flöße die einzige Möglichkeit, diesen Wasserweg zu nutzen.

Zum Flößern brauchte es schneidige Burschen und erfahrene Floßmeister. Schon der Transport der Stämme hin zu den Triften war ein schweißtreibendes und oft gefährliches Unternehmen. Mit Schlitten wurden die im Sommer geschlagenen Bäume zu Tal gebracht, um dort die Flöße zusammenzustellen. Die Floßmeister überwachten alles, denn sie standen für die Fracht gerade.

Deshalb wählte man vorzugsweise Flößer, die selbst nicht schwimmen konnten, denn im Notfall würden sie um den Erhalt des Floßes und der Waren bis zuletzt kämpfen, sonst erwartete sie ein nasser Tod. Nicht wenige sind am Georgenstein oder einem anderen Findling in der Isar gescheitert oder den Stromschnellen zum Opfer gefallen.

Wolfratshausen nennt sich Flößerstadt und Lenggries Flößerdorf. Doch alle Orte entlang der Isar und der Loisach profitierten von diesem Transportweg. Wie sonst wären die Tölzer Kästen, die man an den roten Rosen erkennt, bis Budapest gekommen?

Den Heimweg mussten die Flößer zu Fuß zurücklegen, entlang ausgetretener Pfade, die von einem Bierhäusl zum anderen führten. Die boten Unterkunft und sicher auch den Anlass für den einen oder anderen gewaltigen Rausch. Die Flößer gingen immer in Gruppen, das war sicherer. Man hatte nämlich den Erlös aus dem Verkauf des Floßes und der Waren in der Geldkatze verstaut, einem ledernen Behältnis am Gürtel, in dem die Münzen lustig klimperten und das Gesindel anzogen.

»Mit dem ist nicht weit her«, hat man früher gesagt, um auszudrücken, dass jemand in seinen Fähigkeiten beschränkt war. Eigentlich heißt es, dass jemand nicht weit herum gekommen ist, um Fremdes kennenzulernen.

Beim Flößer Seitner in Weidach ist seit 2002 jemand, mit dem es ganz weit her ist. Aus der Kari-

Das obere Isartal zwischen Wallgau und Vorderriß zählt zu den schönsten Landstrichen
in ganz Oberbayern. Nahezu unberührt schlängelt sich die Isar durch das enge Tal.
Viele Einheimische bezeichnen die Region als »bayerische Rockies« …!

Am Namenstag des Brückenheiligen Johannes
Nepomuk ist ganz Wolfratshausen auf den Beinen.
Festlich geschmückte und mit Fackeln erleuchtete
Flöße sind dann auf der Loisach zu bestaunen.

bik, nämlich Trinidad und Tobago, hat es Jason Charles nach Wolfratshausen verschlagen. Die Liebe war der Grund, warum er gekommen ist, wegen der Flößerei ist er geblieben. »Servus Dschaisn«, wird der dunkelhäutige Mann in Lederhose mit dem Stopselhut auf dem Kopf von seinen Kollegen gegrüßt. Viele Fremde wundern sich.

Josef Seitner jedoch ist es egal, ob seine Flößer rotblond sind oder schwarze Rastalocken haben. Zuverlässig müssen sie sein und keine Angst haben, wenn es auf den Georgenstein zugeht.

Als der FC Bayern eine Floßfahrt unternahm und das Floß zur achtzehn Meter hohen Isarbrücke bei Grünwald kam, wettete Mehmet Scholl mit Jason Charles, dass dieser sich nicht trauen würde, von der Brücke zu springen. Jason schlug ein, lenkte das Floß an die Kiesbank – und sprang.

Unter großem Hallo überreichte Scholl den vereinbarten Wetteinsatz und wollte das Gestichel der anderen nicht auf sich sitzen lassen. Also sprang auch er. Doch beim Aufprall auf das Wasser verletzte er sich am Ohr und musste ins Krankenhaus, wo er mit sieben Stichen genäht wurde.

Jason legte wieder ab Richtung München, hundert Euro reicher und in dem Bewusstsein, dass es für den modernen Flößer nicht nur vorteilhaft ist, schwimmen zu können. Es lohnt sich auch, Schneid zu haben und die Ohren steif zu halten.

Ein eiskalter Wintertag auf dem Brauneck, dem Hausberg von Lenggries. Tief unten schlängelt sich die Isar durch das Tal.

Münsinger Künstler

Münsing befindet sich am nordwestlichen Rand des Tölzer Landes. Die Bauern nennen prächtiges Vieh ihr Eigen und die Gemeinde solvente Steuerzahler, denn ein erheblicher Teil des Ostufers des Starnberger Sees gehört zur Gemeinde.

Gerade der Fischerort Ammerland übt eine enorme Anziehungskraft auf Menschen aller Couleur aus. Manche flanieren nur ein paar Stunden an der wunderbaren Uferstraße entlang, manche bleiben ein ganzes Leben. Bei Letzteren ist es von Vorteil, das nötige Kleingeld zu besitzen, denn es ist nicht billig an den Gestaden des Starnberger Sees.

Aber schön! Und inspirierend!

Victor von Bülow alias Loriot hat dies 1963 schon gespürt und sich hier niedergelassen. Besser gesagt: seinen Hunden hat es hier gefallen, und er wollte halt in deren Nähe bleiben, denn wie er zu sagen pflegte: »Ein Leben ohne Möpse ist zwar möglich, jedoch völlig sinnlos.«

Gut hundert Jahre früher wohnte hier bereits der Graf Franz von Pocci (landläufig »Boddschi« ausgesprochen). Er war der Sohn eines aus Italien stammenden Offiziers, der es zum Generalleutnant und Oberhofmeister gebracht hatte. Franz von Pocci studierte Jura, wurde Zeremonienmeister König Ludwigs I. und schließlich Oberstkämmerer.

Bekannt wurde er allerdings als *Kasperlgraf*. Er half Mitte des 19. Jahrhunderts Leonhard »Papa« Schmid, das Marionettentheater in München zu etablieren, und schrieb selbst vierzig Kasperlstücke. Bekannt war vor allem sein Kasperl Larifari, eine keineswegs oberflächliche Figur: Larifari hatte keine Mutter, sondern wurde von einem Zauberer in ein goldenes Ei hineingezaubert und von einer Henne ausgebrütet. Er kennt keine häusliche Wärme, reißt derbe Possen, betrügt gerne und wird nie erwachsen.

Ganz anders ein Nachfahre des Grafen von Pocci, den die alten Münsinger noch kannten. Er verstand sich als Bauer und bewirtschaftete seinen Hof jahrein, jahraus in kurzen Lederhosen. Empfindlich war er nicht, der Herr von Pocci. Aber aus Eisen eben auch nicht. Winters zog er deshalb lange wollene Strümpfe an. Er war ein großer Fußballfreund, fungierte als Schiedsrichter in den unteren Ligen und

Der Kirchturm von Münsing an einem klaren Oktoberabend.
Im Hintergrund sind die spitzen Zacken der Tannheimer Alpen zu sehen, die bereits zu den Allgäuer Alpen gehören.

VORHERGEHENDE DOPPELSEITE: Was für ein Abendrot über dem Starnberger See bei Sankt Heinrich!
Ganz links ist noch das mächtige Zugspitzmassiv zu erkennen.

nahm gelegentlich eine ganze Mannschaft auf seinem Unimog mit.

Doch wenn ihm danach war, zog er seinen Smoking an und ging – ganz Gentleman und Nachkomme italienischer Adliger – in München im besten Hotel zum Tanzen. Besonders den Tango soll er geliebt haben.

Dann kam er erst früh morgens nach Hause, um ein wenig auszuruhen und dann wieder in seine geliebten Lederhosen zu schlüpfen und seiner Arbeit als Landwirt nachzugehen.

Nur wenn eisige Kälte herrscht und der Wind das Wasser des Sees bis an die Äste der Bäume »trägt«, entstehen diese Kunstwerke der Natur. In über fünfzehn Jahren durfte ich diese Eisformationen erst zweimal am Ufer des Starnberger Sees entdecken.

Reichersbeurer Gschlerf

Ein Gschlerf passt nicht nach Reichersbeuern, diesen ausgedehnten Ort zwischen Bad Tölz und Waakirchen.

Die Reichersbeurer gelten als tüchtig, und auf der Tölzer Leonhardifahrt haben sie mit die schönsten Wägen und stolzesten Rösser. Ein Reichersbeurer hat einen Verstand und sein Sach sauber beinander.

Das Reichersbeurer Gschlerf hält sich auch nicht unter den Bauern und Handwerkern auf. Es ist vielmehr eine feudale Einrichtung und geistert nächtens durchs Reichersbeurer Schloss, ein romantisches Wasserschloss am Rande der Ortschaft. Es beherbergt neben seinem Hausgespenst seit 1938 die Max-Rill-Schule, ein Gymnasium mit Internat, in dem nach den Empfehlungen des Gründers Max Rill unterrichtet wird. Es gibt in diesem Institut nicht nur Pflichtfächer, sondern auch sogenannte Gilden, in denen die Schüler ihren Neigungen (Theater, Musik oder Sport) nachgehen können.

Nun ist das mit den Neigungen so eine Sache! Wenn ich mir überlege, wo meine Neigungen während der Schulzeit waren, so fällt mir außer Fußball nicht viel ein. Bei Abneigungen wäre die Liste schon viel länger. Aber lassen wir das, schließlich geht es nicht um mich, sondern um das Reichersbeurer Gschlerf, das nachts durch die Gänge schleicht.

Man fragt sich, wer so nachtragend ist, dass er die Schlossbewohner nach seinem Ableben nicht in Ruhe lassen mag. Ist es ein kleiner Dieb oder Wilderer, dem von der kleinen Gerichtsbarkeit im Schloss vor Hunderten von Jahren Unrecht getan wurde? Oder ist es die prunksüchtige Tochter der adligen Verwalterin, die das Geld für die Totenmessen ihrer Mutter in schöne Kleider investierte? Oder ist es der Geist der kalten Sophie von Pienzenau, die so hartherzig zu ihren Dienstboten war und jetzt keine Ruhe in den alten Gemäuern findet?

In Anbetracht meiner langjährigen Schulzeit und der dortigen Erlebnisse erscheint es mir wesentlich plausibler, dass es den Geist noch nicht so lange gibt. Höchstens seit 1938.

Leicht möglich, dass das Gespenst mit dem schlürfenden Gang zu Lebzeiten seine Hausaufgabe öfter vergessen hat oder dass der Karl May wesentlich spannender war als die Lateingrammatik. Und täglich musste es an die Stätte seiner Niederlagen, das Klassenzimmer, zurück.

Ein Vorgeschmack auf den Winter Mitte Oktober. Ein früher Wintereinbruch
nahe Reichersbeuern hat die herbstliche Landschaft weiß angezuckert.

Denken Sie – geneigter Leser – bitte zurück an Ihre eigene Schulzeit.

Hat es Ihnen pressiert, wenn das Unglück in Gestalt des Schullehrers auf Sie, den Delinquenten, wartete? Nein, da hat es niemandem pressiert, Nei-gungsgruppe hin oder her. Man ist langsam gegangen, sehr langsam. Ein rechtes Gschlerf hat man gemacht!

Genauso wie das Reichersbeurer Gespenst, das in den Schlossmauern keine Ruhe findet.

Morgens am Kirchsee. Rechts spiegelt sich der Kirchturm von Kloster Reutberg im Wasser. Wegen seiner idyllischen Lage über dem Kirchsee und seines schönen Biergartens mit Bergblick ist es ein beliebtes Ausflugsziel.

Sachsenkamer Rindviecher

Der Reutberg liegt nördlich von Sachsenkam. Er ist wohl einer der schönsten Aussichtspunkte des Tölzer Landes und ragt kaum einen Kilometer südlich vom idyllischen Kirchsee in die Höhe. Auf dem Reutberg steht ein Frauenkloster, außerdem ein Wirtshaus mit Brauerei. Vom Biergarten aus hat der Besucher einen außergewöhnlichen Rundumblick, der über Hügel, Vorberge und Alpen vom Allgäu bis ins Berchtesgadener Land reicht.

Die kleine Brauerei ist weitum bekannt für ihr bekömmliches Bier, und zum Josefifest strömen Tausende aus dem ganzen Oberland (und auch einige Auswärtige) ins Bierzelt, um den Josefibock zu probieren. Seit aus finanziellen Gründen »dem Rausch sein Jahrtag« bei der Genossenschaftsbrauerei in Holzkirchen abgeschafft wurde, ist das Josefifest sozusagen zu *dem* Trinkereignis für den Bierfreund geworden.

Sachsenkam ist eine der kleineren Gemeinden im Landkreis, aber seine Bewohner sind bekannt für ihren Fleiß und ihre Tüchtigkeit. Die Bauernhöfe stehen sauber da, dazu gibt es florierende Handwerksbetriebe und sogar etwas Industrie.

Umso erstaunlicher, dass folgende Geschichte ausgerechnet in Sachsenkam passierte: Der Moar-Hausl hatte einen Stier und ärgerte sich darüber, dass dieser nur fraß, gelegentlich eine Kuh deckte und sonst nutzlos herumstand. Das Vieh hätte doch eine Mordskraft, überlegte er.

Also holte er den Stier aus dem Stall, legte ihm das Kummet an und übte mit ihm das Ziehen von schweren Lasten. Allen Warnungen der Nachbarn zum Trotz ging es gut, der Stier war gelehrig, und zuletzt freute sich der Bauer, ein so starkes Zugtier zu haben und keinen mageren Kastraten wie die Nachbarn.

Schließlich ging es an die Heuarbeit, bei der die Lasttiere die schweren Heufuhren nach Hause bringen mussten. Der Bauer spannte den Stier ein, dazu eine alte Kuh, ein friedliebendes Tier, das sicher keine Sachen machen würde, wenn es sich als Brautjungfer neben dem Stier fühlen durfte.

Der Moar-Hausl führte sein ungleiches Gespann mit dem angehängten Heuwagen fachkundig auf die Wiese. Auf dem Wagen befand sich schon die Bäuerin, denn sie hatte ja auf den kleinen Fahrstrecken mit Anfahrt und Halt das Heu zu fassen, das ihr der

Bauer mit der Heugabel hinaufreichte, um es auf dem Wagen zu verteilen. Der Wagen befand sich längsseitig auf der Höhe der Moräne, und die Tiere standen abwärts. Der Bauer war sichtlich zufrieden mit seinem Gespann und dürfte schon an die Heimfahrt gedacht haben.

Da geschah das, was der Moar-Hiasl nicht hatte wahrhaben wollen. In dem Moment, in dem sich das Gefährt ein wenig zur Seite neigte, zog der Stier unvermutet an, drängte sich, Deichsel und Zugseile überrumpelnd, zur rechts von ihm stehenden Kuh hinüber und stieg mit den Vorderbeinen auf deren Buckel. Der Wagen – fast voll beladen – kippte und fiel um. Die Bäuerin rutschte mit einem großen Schüppel Heu herunter, sprang – gott sei Dank unverletzt – auf und schimpfte los: »Damischer Deifi«, rief sie. »Dir fallt doch immer was Spinnertes ein.«

Wen sie damit gemeint hatte – den Stier oder ihren Mann – ist nicht überliefert.

Aus: Chronik der Gemeinde Sachsenkam von Pauline Brückl

Langsam wird es Frühling im Tölzer Land. Die Laubbäume bekommen Knospen, die Obstbäume beginnen zu blühen. Das Karwendelgebirge im Hintergrund trägt noch sein dickes Winterkleid.

Schlehdorfer Nonnen

Schlehdorf liegt im Nordosten am Kochelsee und trägt eine Schlehenblüte im Wappen. Aufgrund seiner Struktur nimmt es unter den Dörfern im Tölzer Land und wahrscheinlich in ganz Oberbayern einen besonderen Platz ein. Die Bauernhäuser sind in geraden Linien im Karree angeordnet, als wäre der Ort auf dem Reißbrett entworfen worden.

Schuld daran ist eine verheerende Feuersbrunst, die im Jahre 1846 fast das gesamte Dorf in Schutt und Asche gelegt hatte. Die Neuerrichtung des Ortes erfolgte nach Plänen der Regierung in München, in der Baulinien und Straßenführung genauestens vorgeschrieben wurden. Gerade, rechtwinklig aufeinander stoßende Straßenzüge, Wohnhäuser und Ställe von ähnlicher Bauart, dazu gleich große Gärten verleihen dem Dorf einen einzigartigen Charakter. Wahrscheinlich sollte diese luftige Struktur verhindern, dass ein Feuer wieder den ganzen Ort vernichten könnte.

Beherrscht wird Schlehdorf durch das Kloster, das imposant auf dem Kirchbichl thront. Bereits im Jahre 763 wurde ein Benediktinerkloster urkundlich erwähnt. Ab dem 12. Jahrhundert war es bis zur Säkularisation ein Augustinerstift, und seit 1904 ist der Konvent im Besitz der Missions-Dominikanerinnen von King-Williams-Town.

Einige dieser Nonnen kennenzulernen, hatte ich vor vielen Jahren das Vergnügen, und das verhielt sich folgendermaßen: Die aufgeweckte Deininger Dorfjugend war beim »Lumpensammeln«, das heißt, wir saßen auf einem Wagen, der von einem Traktor gezogen wurde, und holten Bündel von Altkleidern und Zeitungspapier vor den Häusern ab.

Diese Fuhre brachten wir nach Wolfratshausen und warfen dort die Bündel in die bereitgestellten Eisenbahnwaggons. Anschließend gab es eine kleine Brotzeit und zusätzlich die Einladung zum »Lumpensammlerball« in Hechenberg.

Die besondere Anordnung der Häuser in Schlehdorf erkennt man am besten von oben, wie zum Beispiel vom Gipfel des Herzogstands.

Nun war ich in meinem Leben auf etlichen Bällen und Festlichkeiten, doch diese Veranstaltung werde ich nie vergessen. Mitten unter den Lumpensammlern saßen nämlich einige ältere Missionsdominikanerinnen, deren Oberin über das Mikrofon einen kurzen Vortrag über den Verwendungszweck des Geldes hielt. Sie erzählte von den erbärmlichen Lebensbedingungen vieler Menschen im südlichen Afrika und der Arbeit der Klosterfrauen, die keine Männer für schwere oder gefährliche Tätigkeiten brauchten. Sie berichtete auch von einer Schwester, die mit dem Lastwagen auf eine Mine gefahren war und bei der Explosion ein Bein verloren hatte. Und

anschließend haben sie getanzt, die Nonnen. Ich konnte es zuerst nicht fassen, doch einige der Burschen hatten sich getraut, sie aufzufordern und dann tanzten sie wie der Lump am Stecken – Walzer, Polka und was sonst gespielt wurde.

Ich war sehr beeindruckt von diesen selbstbewussten und fröhlichen Bräuten Christi. Sie schienen mir wesensverwandt mit vielen Bäuerinnen, die mir in meinem Leben begegnet waren. Im Bewusstsein der eigenen Stärke lässt sich diese Sorte Frauen weder von Minen in Afrika noch von oberbayerischen Dickschädeln aus der Ruhe bringen. Chapeau!

Das bereits um das Jahr 763 urkundlich erwähnte Benediktinerkloster Schlehdorf taucht aus dem Nebel auf.
Im Hintergrund ragt der Jochberg in den Himmel.

Tagelanger Dauerregen hat das Kochelmoos in eine riesige Seenlandschaft verwandelt.
Links spiegelt sich die Benediktenwand in den entstandenen Tümpeln, in der Mitte ist der Rabenkopf zu sehen,
ganz rechts die markante Nordwand des Jochbergs.

Abendrot über dem Kochelsee, gesehen vom Sonnenspitz.
Der kleine Berg oberhalb von Kochel gilt noch als Geheimtipp unter einheimischen Bergwanderern.

Wackersberger-Georg

Wackersberg ist für seine schöne Lage auf einer Art Hochebene über dem Isartal bekannt. Es heißt, dass reiche Leute, die protzen wollen, am Tegernsee wohnen, und die, die wirklich Geld haben, aber nicht damit angeben, Wackersberg bevorzugen.

Im Grunde ist es aber eine bäuerlich geprägte Gemeinde mit Weilern, die sich weit auseinander die linke Isarseite entlang fast bis Königsdorf aufreihen. Viele Bauern haben noch ein paar Kaltblüter daheimstehen, um an der Tölzer Leonhardifahrt teilzunehmen. Bei der Jahreshauptversammlung der Rosserer beim Jägerwirt erkennt man den Amtstierarzt daran, dass er der Einzige ist, der in der Wirtsstube keinen Hut auf hat.

Bei den jährlichen Rauschbrandimpfungen durfte ich vor Jahren einen besonderen Landwirt kennenlernen. Er sei ein dreifacher Bauer, sagte er mir mit einem Grinsen. Erstens sei er Landwirt, zweitens heiße er Bauer und drittens mit Vornamen Georg, was auf Griechisch ebenfalls Landwirt bedeute (*ge* – die Erde; *organon* – die Arbeit).

Wie man darauf kam, dass der heilige Landmann Georg ein Ritter sein könnte, der den bösen Drachen erschlug, wird mir immer ein Rätsel bleiben. Ein Landwirt trachtet nicht nach Streit oder Ruhm, schon gar nicht in fremden Ländern. Er will seinen Hof bewirtschaften, die Kinder heranwachsen sehen und seine Ruhe haben. Ihn freut es, wenn seine Kühe gut Milch geben und er das Heu trocken in die Scheune bringt.

Wildfremde Drachen interessieren einen Bauern nicht. Keinen einfachen und auch keinen dreifachen.

Herbst im Isartal nahe Lenggries. Im Hintergrund ein Teil des langen Grates,
der das Brauneck mit der Benediktenwand verbindet.

Wolfratshauser Erschütterungen

Wolfratshausen besitzt etwas, womit sich nur wenige Orte schmücken können. Einen ruhigen, gemächlichen Fluss, der sich durch die Stadt zieht und in dessen Wasser sich die Bürgerhäuser spiegeln wie die Dogenpaläste in der Lagune von Venedig.

Die Loisach kommt aus den Bergen wie ihre ungestüme Schwester, die Isar. Doch die Loisach ist sanft und menschenfreundlich. Und so braucht man sich nicht zu wundern, dass sich hier eine Stadt entwickelte, die im Laufe der Jahrhunderte durch Handel und Flößerei prächtig gedieh.

Doch am 17. April 1734 hat es einen gewaltigen Knall getan, im beschaulichen Wolfratshausen. Das am westlichen Steilufer der Loisach über Weidach gelegene Schloss war in die Luft geflogen. Ein Blitz hatte in den Pulverturm eingeschlagen und dreihundertfünfzig Zentner Schwarzpulver zur Explosion gebracht. Sogar die mehrere hundert Meter entfernte Stadtpfarrkirche nahm Schaden, so weit waren die Steine aus der Burg geschleudert worden.

Nach der Katastrophe gebrauchten die Wolfratshauser den ungewollten Steinsegen zur Errichtung öffentlicher Gebäude, und Flöße brachten einen großen Teil davon zum Bau des Hoftheaters nach München.

Das Schloss war zerstört, und die adlige Herrschaft zog weg. So entwickelte sich Wolfratshausen zu einer bürgerlichen Stadt mit prächtiger Marktstraße und florierendem Handel. Oskar Maria Graf erwähnt in seinen Büchern Wolfratshausen als Metropole des nördlichen Oberlandes, während Starnberg um 1900 selbst für die Anlieger des Starnberger Sees wenig Bedeutung hatte.

Anfang des 21. Jahrhunderts schien Wolfratshausen jedoch ein wenig einzuschlafen. Die wunderbare Marktstraße zwischen Loisach und Bergwald wurde immer weniger frequentiert, das bekannte Isarkaufhaus hatte gar zugemacht. Einkaufszentren mit riesigen Parkplätzen am Ortsrand schienen den angestammten Kaufleuten in der Marktstraße das Wasser abzugraben.

Doch dann gab es wieder einen Knall!

Diesmal flogen zwar keine Steinbrocken durch die Luft, aber zumindest einige Traditionen wurden

Die Loisach fließt unmittelbar durch die Altstadt von Wolfratshausen.

über den Haufen geworfen: Ein Bauer wurde Bürgermeister in der Stadt der Kaufleute und Flößer!

Ein Novum!

Von einem Landwirt erhoffte man sich, dass er ein frisches Bewusstsein in die schöne Loisachmetropole bringt. Ein Bauer kennt sich aus mit dem Säen und Ernten. Er muss Geduld haben, denn auch das Getreide wächst nicht über Nacht. Aber es kann innerhalb von Minuten durch einen schlimmen Hagel zerstört sein. Gute Ideen brauchen oft Jahre, bis sie Erfolg bringen. Schlechte Entscheidungen können sofortigen und langfristigen Schaden bedeuten.

Außerdem kennt sich ein Bauer aus mit kleinen und großen Tieren, besonders mit den verschiedenen Sorten von Rindviechern. – Geduld ist das Wichtigste, aber man muss gelegentlich auch zeigen, wer der Chef im Stall ist. Den Stier bei den Hörnern packen, wie man so schön sagt.

Interessanterweise stand der Hof des neuen Bürgermeisters weit außerhalb der Stadt. Es handelte sich um die ehemalige Wasenmeisterei. Das war ein zwar über die Jahrhunderte hinweg notwendiges Gewerbe, aber schlecht angesehen. Der Wasenmeister musste die verendeten Viecher abdecken und wegen der Gefahr von Milzbrand und anderen Infektionskrankheiten in sicherer Entfernung von der Siedlung verscharren.

Pikanterweise hatten die Abdecker im Mittelalter in Wolfratshausen noch eine Nebenbeschäftigung: Sie fungierten zugleich als Scharfrichter.

Diese Kombination schien nun wirklich unschlagbar: Denn mag auch ein Bauer beste Voraussetzungen für das Bürgermeisteramt haben, die Argumente der Scharfrichter wissen wirklich zu überzeugen!

Morgendämmerung über dem Tölzer Land: Wie gemalt steht der Vollmond
über diesem einsamen Bauernhof nahe Münsing.

Ein schöner Gruß von der Leonhardifahrt!

Der Bildstreifen auf der Seite 30/31 zeigt (von links nach rechts): Auf der Leonhardifahrt nach Benediktbeuern /
Sonnenaufgang auf dem Jochberg / Morgenrot über der Benediktenwand, gesehen vom Faistenberg / Schnablerrennen von Gaißach /
»Indian Summer« im Isartal nahe Lenggries / Marterl im Kochelmoos nahe Benediktbeuern

Die Umschlagvorderseite zeigt Königsdorf, auf der Umschlagrückseite ist der Kirchsee zu sehen.

© 2015 Rosenheimer Verlagshaus GmbH & Co. KG, Rosenheim
www.rosenheimer.com

Alle Fotos im Buch und auf dem Titel stammen von Bernhard Römmelt, München, www.berndroemmelt.de
Die Texte wurden von Georg Unterholzner, Ascholding, www.georgunterholzner.de, verfasst.
Die Bildunterschriften sind von Bernhard Römmelt.
Kartenskizze Seite 6: Sebastian Schrank, München
Satz und Lektorat: VerlagsService Dietmar Schmitz GmbH, Heimstetten
Bildbearbeitung: Fotoweitblick Raphael Lichius, Bad Aibling
Druck und Bindung: FIRMENGRUPPE APPL, aprinta druck, Wemding
Printed in Germany

ISBN 978-3-475-54420-0